VERSACCI
di
UN FANNULLONE

cronache della fine di un regime

MAURIZIO TERNULLO

mternullo@mail.com

Maurizio Ternullo nasce ad Augusta, nel remoto 1947. Si laurea in Fisica a Catania. Lavora 5 anni a Torino, presso la Fiat (Direzione Ricerca e Sviluppo), nella mitica palazzina di Corso Agnelli. Di quegli anni, conserva la tessera del sindacato unitario Cgil-Cisl-Uil e la targa TO. Riciclatosi come astronomo, si trapianta a Catania. Studia il ciclo di attività solare; a tempo perso, si diverte a studiare la geometria dell'ellisse, curva che lo affascina per la sua notoria eccentricità. Negli ultimi anni, ritenendo di avere ormai ben poco da perdere, prende il vezzo senile di scrivere versi, incoraggiato dalle dichiarazioni del ministro Brunetta sugli statali "fannulloni".

"Facit indignatio versum"
(Giovenale)

"Castigat ridendo mores"
(Jean de Santeuil)

*"Basta che Lei si metta a gridare in faccia a tutti la verità.
Nessuno ci crede, e tutti la prendono per pazza !"*
(Pirandello)

*"ciò er core in pace e l'anima serena
der savio che s'ammaschera da matto"*
(Trilussa)

Titolo | Versacci di un fannullone

Autore | Maurizio Ternullo

ISBN | 978-88-91194-23-7

Youcanprint Self-Publishing

Via Roma, 73 - 73039 Tricase (LE) - Italy

www.youcanprint.it

info@youcanprint.it

Facebook: facebook.com/youcanprint.it

Twitter: twitter.com/youcanprintit

Indice

Capitolo 1

Attualità

1.1 Fine di tutto

Mentre Berlusconi si rivela sempre più incapace di imporsi alle correnti del suo partito, i suoi colonnelli fuggono verso lidi più sicuri

Non si replica più. Si ode gran puzzo   1
come di morte, intorno al primo attore.
Non agitano più piume di struzzo
   i flabellari; non più fanno onore   4
a chi li accolse un dì nel carrozzone
tra saltimbanchi, rifatte signore,
   fanciulle dall'incerta professione,   7
tra le muse di corte, appigionate[1].
Bondi or cercando va l'ispirazione
   dove già visse la sua verde etate.   10
Fieramente, reclama Fitto[2]: *"Padre,*
la mia parte di beni ora mi date !"
   Empie parole, ahimé ! Parole ladre !   13
Invano arde di sdegno il genitore,
fulmina invan col verbo suo le squadre
   dei miliziani suoi, che con timore   16
dal labbro suo pendevano e rispetto.

---

[1] Vittorio Alfieri coniò l'espressione *Musa appigionata* riferendosi a Metastasio, dopo averlo visto prodursi davanti a Maria Teresa d'Asburgo nella *"genuflessioncella di uso, con una faccia servilmente lieta e adulatoria"*; qui, l'espressione è riferita a Bondi, di cui sono note le pretese poetiche e che ha rotto con Berlusconi, meditando di tornare alla sinistra dove aveva iniziato la carriera politica.

[2] Tra gli esponenti di rilievo di *Forza Italia,* Fitto è quello che con maggiore determinazione si è opposta alla "monarchia" berlusconiana, fino a lasciare il partito, seguito da alcuni parlamentari.

La Russa, una fiammella tricolore[3]
 tentò di accender, per scaldarsi il petto,   19
– finto partito da partito finto –
onde freddo restò su un cataletto,
 ché calore non dà fuoco dipinto.   22
  (*10 aprile 2015; fra Milano e Catania*)

1.2 Montezemolo licenziato

Nel settembre 2014, Marchionne "licenzia" Cordero di Montezemolo dalla presidenza della Ferrari, con il pretesto che la Ferrari non vince un Gran Premio da alcuni anni – in realtà a causa di divergenze sulla strategia della FCA (Fiat Chrysler Automobiles); il comportamento di Marchionne stupisce molti osservatori

 Ci ammancava, a Marchionni, 'a scimitarra;   1
p'o restu, era precisu 'n saracinu:
Cu mmia, facc'i citrolu, nun si sgarra !
 Cordero Montezemolo, mischinu,   4
currennu pi nun farisi pigghiari[4],
pinsava *"Suddu scampu a st'assassinu,*
 'n ciru a sant'Àita, ci l'haj'a'ddumari[5] *!"*   7
L'autru, 'ntantu: *"Firmatilu, ca 'u 'mmazzu !*
Chiuriti 'i porti ! 'Nnu fati scappari !
 Nunn'ha nesciri vivu 'i stu palazzu,   10
'ssu scunchiurutu[6] *dintr'a 'n doppiopettu !"*
Cu la scumazza a' vucca com'a 'n pazzu,
 jeva smaniannu e si vaviava 'u pettu[7]   13
cu' ll'occhi 'i fora quannu, ncuttu 'ncuttu[8],
Scappa – ci rissi – ma 'cca jù t'aspettu !
 Passàssuru cent'anni, a ttia ti futtu !   16
Chiui, sautafossa, a mmia tu nun mi tinci[9] *!*

---

[3] La Russa, un tempo fedelissimo di Berlusconi, collabora da tempo con Giorgia Meloni nel tentativo di riportare in vita il vecchio *Movimento Sociale Italiano*, il cui logo era una fiamma tricolore.

[4] correndo per non farsi prendere

[5] Se scampo a questo assassino, devo accendere un cero a Sant Agata

[6] quest'uomo inconcludente

[7] Con la schiuma alla bocca come un pazzo, andava smaniando e si sbavava il petto

[8] parlando fitto fitto

[9] Tu, paraculo, non mi prendi più in giro

ca jè pi curpa tò, gran farabbuttu,
  ca di deci anni 'a Ferrari nun vinci !   19
Corderu sì e vai com'o curdaru
arreri arreri[10]*; se nun c'è cu 'i spinci,*
  'sti màchini nun pàrtunu ! Custaru   22
sordi a palati, muntagni di sordi
ca tu ittasti 'o ventu, tristu e amaru !
  Chi dici ? Vo' rristari ? Ti lu scordi !   25
Sì licinziatu, Luca fannullone !
Perciò, pigghia 'i to cosi e vota 'i bordi !
  Se nn'ha capitu, io sono il padrone !   28
  (11 settembre 2014)

1.3   Gasparri: "Se mi sequestrano, non pagate !"

Dopo che due ragazze italiane sequestrate in Siria sono state liberate a prezzo di un cospicuo riscatto, Gasparri proclama che se lui dovesse essere rapito, non vuole che si paghi il riscatto

  Se qualcuno dovesse sequestrarmi   1
per chiedere il riscatto, non pagate !
Non è il caso, Gasparri, che ti allarmi:
  chi vuoi che pensi a far queste boiate ?   4
Che ti rapisca, per aver la briga
di darti alloggio e vitto e le serate,
  poi, passarle con te ? Per quanta sfiga   7
possa avere un fallito terrorista,
non fa un sequestro col qual si castiga
  con le sue mani a sopportar la vista   10
della tua faccia, in vista di un baratto,
e la conversazione di un fascista.
  Ma se pur ti catturano e un riscatto   13
chiedon per liberarti, stai tranquillo
che nessuno sarebbe tanto matto
  che per te paghi il prezzo di uno spillo.   16
Anzi, per tua maggior tranquillità,
per toglierti ogni dubbio ed ogni assillo,
  credo che ognun, con generosità   19

---

[10] Ti chiami Cordero e vai all'indietro come il cordaro

finanzierebbe i tuoi sequestratori
che prolunghin la tua cattività,
   godendo d'esser tuoi interlocutori.   22
     (*21 gennaio 2015*)

1.4   Evasione fiscale e patto del Nazareno

Renzi depenalizza l'evasione fiscale, se i guadagni occultati al Fisco non eccedono il 3% del totale

   Non più giustizialismo, pene e lagni   1
per chi al Fisco soltanto il tre per cento
celi dei suoi sospirati guadagni.
   Il Fisco dunque, non farà spavento   4
a chi nasconda sol trenta milioni,
di un miliardo che introita contento.
   Ma se cento euro tu sotto i mattoni   7
tieni nascosti e ne guadagni mille,
sappi che avrai rotture di coglioni,
   i finanzieri in casa, e le pupille   10
del fisco dilatate sui tuoi conti;
ti guarderan fin dentro le tonsille,
   vorran che tu gli spieghi e gli racconti   13
se andasti al mare o in montagna in vacanza,
vorranno dettagliati rendiconti
   delle tue spese, di ogni tua usanza   16
e se non sei ben documentato,
c'è pure la prigione – dionescanza !
   Berlusca, invece, tornerà mondato   19
con retroattivo effetto d'ogni macchia
e Renzi in cambio resterà insediato
   al governo per anni. La mordacchia   22
per chi protesta è pronta, è gia in funzione.
Scuote Palazzo Chigi una pernacchia
   per chi ci diede la Costituzione.   25
     (*24 gennaio 2015*)

1.5   Il giocatore giocato

L'intesa tra Renzi e Berlusconi – il "patto del Nazareno" – si rompe
quando Renzi impone per il Quirinale il nome di Mattarella, senza con-
sultare Berlusconi

Credette Berluscon nella furbizia	1

Credette Berluscon nella furbizia   1
vincer ognuno, sì che spesso strinse
patti che infranse dopo con malizia,
   come fu quando con D'Alema finse   4
di riformare la Costituzione
e un anno e più il gioco avanti spinse,
   finché incappò in un giovane marpione   7
che gli promise un onesto baratto:
"Tu mi fai una finta opposizione,
   ed io i decreti a tuo uso riadatto: 10
metto un comma e ritorni incensurato".
E il Nazareno benedisse il patto.
   Protesta adesso il vecchio: *"Mi hai giocato !*   13
Non eran questi i patti ! Io non voto
nessuno che non abbia concordato !"
   E poi che strepitò a lungo a vuoto,   16
rifiutò di votare Mattarella
ma gli si disse umilmente devoto
   dopo un minuto, per restare in sella.   19
   (*1 febbraio 2015*)

1.6   Berlusconi rinnega l'Italicum

Dopo l'elezione di Mattarella al Quirinale, Berlusconi – che Renzi non
ha coinvolto nelle consultazioni – annuncia che alla Camera negherà il
voto al disegno di legge elettorale Italicum, *malgrado che il suo gruppo*
abbia già approvato in Senato quel testo e che lui stesso lo abbia scritto
insieme a Renzi

Nunn' è ch'a mmia 'stu 'tàlicu mi piaci   1
– 'u dicu chiaru, mettu 'i manu avanti –
ma 'n fattu c'è c'a mmia nu mmi pò paci[11]:

---

[11] c'è un fatto che mi lascia inquieto

n'o fari a liggi, dicu, jera vigghianti   4
Bellusconi[12], cu ttutta 'dda cumacca[13]
de' so' ruffiani, attendenti, aiutanti,

   omini 'i Statu, genti 'i menza tacca,   7
portajacqua, sbannuti e sautafossa,
ca fìcjuru 'na parti ca 'na vacca

   s'affruntassi di falla accussì 'rossa[14] ?   10
'Sta liggi, 'a scrissi cu Renzi, mi pari !
Ma virènnisi appoi cu' 'n peri a' fossa[15]

   – no' sensu 'i la pulitica, cumpari ! –   13
ca quannu fu ch'acchianau Mattarella,
com'a 'n minchiuni si stesi a taliari[16],

   duna 'n corpu di cura[17], s'arribbella,   16
cancia pinsata e cancia sintimentu:
"Stu 'talicu nn'è cchiui 'na cosa bella,

   è nu'mprogghiu di Renzi", e centu e centu   19
jautri minchiati cunta. Poi, a Brunetta
'u manna pi parrari o' Pallamentu.

   Chistu, ca è misu ca pari c'aspetta   22
'a scaciuni pi ffari 'na quistioni[18],
parra, s'ancazza, si sbrazza, s'assetta,

   s'addizza, s'appizza ... 'sta aggitazzioni,   25
– ca mancu 'n turcu, mancu 'n saracinu –
fu ppi ddiri ca Sivviu Bellusconi

   filau 'n provvedimentu tantu finu   28
(com'a Firenze, e' tempi 'i patri Danti[19] !)
ca 'nn'arrivau d' Ottobbri a san Martinu.

   E sta navi va senza cumannanti[20].   31
   (*13 maggio 2015*)

---

[12] Berlusconi era sveglio, mentre faceva la legge...

[13] *cumacca*: accolita dei suoi compagni

[14] fecero una parte [si comportarono in un modo] che una vacca si sarebbe vergognata di fare

[15] Ma vedendosi poi con un piede nella fossa

[16] perché, quando fu eletto Mattarella, come un minchione rimase a guardare

[17] dà un colpo di coda

[18] Costui [Brunetta], che sembra messo ad aspettare un pretesto per litigare con qualcuno

[19] Cfr. l'apostrofe di Dante a Firenze: "... *fai tanto sottili / provedimenti, ch'a mezzo novembre / non giugne quel che tu d'ottobre fili*" (*Purg.* VI, 142–144)

[20] Cfr. "*nave sanza nocchiero in gran tempesta*" (*Purg.* VI, 77)

1.7   "Lo Stato Islamico vuole la mia testa"

Berlusconi, mentre si aggrava la sua irrilevanza politica, rivela che lo Stato Islamico tenta di eliminarlo

    Fa guerra il califfo   1
al prode vegliardo
che un dì allo sceriffo[21]
ingiunse bugiardo
    di dar libertà   5
a tale nipote ?
Oh qual crudeltà !
Il duolo mi scuote !
    Speriam che lo zio   9
per Silvio interceda
con animo pio,
finché si ravveda
    il turco feroce,   13
finché non si taccia
la perfida voce
che Silvio minaccia.
    (*24 aprile 2015*)

1.8   Salvini espelle Tosi dalla Lega

    Umberto Bossi, dai protesi nervi[22],   1
urlava a Roma: *"Roma, sei ladrona !"*
urlava al Sud *"Non vogliam mantenervi !"*
    Non da meno è Salvini, che sragiona   4
simile a lui e dal boccal che ha in mano,
tracanna sì che di rutti risuona
    l'eloquio suo: *Nessun napoletano*   7
ardisca a un milanese far l'affronto

---

[21] La notte del 27 maggio 2010, Berlusconi telefona alla questura di Milano (*allo sceriffo*) per chiedere che una prostituta minorenne frequentatrice della sua villa di Arcore, che è stata arrestata per un furto, sia rimessa in libertà; la giovane, secondo quanto Berlusconi dichiara, è nipote del presidente egiziano Mubarak e il suo arresto potrebbe danneggiare le relazioni internazionali dell'Italia. V. brano 8.13, pag. 106

[22] Cfr. *"...dove lasciò li mal protesi nervi"* (Inf. XV, 114).

di star con lui nel metrò di Milano[23].

Ma adesso Tosi ha pareggiato il conto,   10
ché la peggio politica, egli ha detto,
la fa la Lega, anzi Salvini è pronto
   ad ammazzar chi l'abbia contraddetto: 13
"La Lega è il partito di Caino !"
Matteo Salvini se lo abbia per detto:
   io non starò nel metrò con Caino !   16
      (*12 marzo 2015*)

1.9   Berlusconi definitivamente assolto

*L'11 marzo 2015, la Cassazione conferma l'assoluzione di Berlusconi
dai reati di concussione e prostituzione minorile, per i quali aveva avu-
to sette anni dal Tribunale di Milano*

Biniritti li minni ca 'llattaru   1
'ssi jurici ca sunu 'a Cassazioni[24] !
Atu vistu, cumpari tristu e amaru[25],
   ch'aviti tortu supra a Bellusconi ?   4
Av'a gghiri 'n galera, 'nnuzzinteddu[26] !
doppu ca fici tanti cose bboni,
   com'a 'n briganti armatu di cuteddu,   7
com'a 'n latru di passu o nu'mprugghiuni[27],
stu galantomu, ca pari n'agneddu
   a mmanu di li lupi e de liuni.   10
Chi c'è, nun diti nienti ? Sta sintenza,
mentri c'a Sivviu ci desi raggiuni,
   pari ca fu pi vvui 'na pinitenza,   13
pari ca fùstuvu vui cunnannatu[28],
ca vi viru – scusati 'a cunfirenza –
   ca mi pariti 'n cani vastuniatu,   16
c' 'a cura ammenzu l'anchi, 'aricchi vasci[29],

---

[23] Durante la campagna elettorale per le provinciali del maggio 2009, Salvini propone che alcuni vagoni della metropolitana di Milano siano riservati ai milanesi; v. anche nota 36, pag. 124

[24] Benedette le mammelle che allattarono quei giudici che sono in Cassazione

[25] Avete visto, compare cattivo e malevolo

[26] Doveva andare in galera, povero innocente

[27] come un ladro che tende agguati ai passanti o un imbroglione

[28] sembra che siate stato condannato voi

[29] mi sembrate un cane bastonato, con la coda tra le zampe, le orecchie basse

'a facci scura 'i lampiuni astutato.
   N'omu accussì, cumpari mio, nun nasci   19
se non na vota sula ogni cent'anni !
Comu fu Mussulini cu li fasci,
   Berlusca 'u stissu jè, ch'e so' bagasci.   22
     (*25 marzo 2015*)

1.10   Trilogia per Dell'Utri

I carabinieri sequestrano a Dell'Utri ventimila libri antichi; alcuni tra questi proverrebbero da furti in varie biblioteche

Encomio

   Gran galantuomo, gran lavoratore,   1
amante dello sport, della cultura,
da ogni biblioteca, con amore
   molti libri raccolse e con premura   4
dai luoghi aviti addusse alle sue case,
padre pietoso che di orfani ha cura.
   Quelle ospitali stanze or furo invase   7
da vocianti gendarmi; di quei testi,
con sommo zelo accolti, non rimase
   che qualche tarlo o altri insetti molesti.   10

Epigramma

   Altri rubi gioielli e argenteria,   1
esponendosi a pubblici ludibri.
Dell'Utri mai deviò dalla sua via
   di uomo di cultura e rubò libri.   4

Epitaffio

   Dell'Utri giace qui poi che raccolse   1
di lungo latrocinio grande frutto.
Molto lui ricettò, molto lui colse
   con le sue proprie mani, dappertutto   4
finché giunse la Parca inaspettata

che a noi lo tolse e a Silvio dié gran lutto.
  La Patria pose, di tal figlio orbata 7

(31 marzo 2015)

Capitolo 2

Di palo in frasca

2.1 La vespa e il contadino (da Camilleri)

Una vespa si posò sul collo di un contadino. "Ora ti pungo", *fece la vespa.* "Ragioniamo un momento – *disse il contadino* – Che te ne viene? Io massimo massimo mi faccio due giorni di febbre; tu invece, dopo avermi punto, sei costretta a morire. Ti pare cosa ?" *La vespa non rispose e lo punse. Colto da choc anafilattico, il contadino morì. Il suo ultimo pensiero fu:* "Se l'ammazzavo con una botta invece di farla ragionare, a quest'ora sarei ancora vivo". *A poca distanza, sconciata, la vespa stava per morire. Il suo ultimo pensiero fu:* "Se ragioṅavo invece di pungerlo, a quest'ora sarei ancora viva". *Questa è una favola assolutamente inutile* (da *Favole del Tramonto*, Edizioni dell'Altana (2000) di Andrea Camilleri)

Un'ape stava addosso a un contadino	1
proprio sul collo, con il pungiglione	
pronto a colpire. *"Aspetta un momentino !*	
le disse l'uomo, *ascolta la ragione !*	4
Se mi pungi, sai bene che morrai".	
"Puoi risparmiarti codesta lezione !	
disse l'ape pungendo, *è tardi, ormai".*	7
Si spense in preda a shock anafilattico	
il poveruom, tra pianti ed alti guai,	
dicendo: *"Col mio spirito didattico*	10
ora muoio; se invece l'ammazzavo,	
questo era un eccellente profilattico".	
E l'ape, accanto: *"Se io ragionavo,*	13
non morivo in un modo così futile".	

Se chiedi *"Che morale ne ricavo ?"*
   rinunciaci, lettore, è fiaba inutile.   16
      (*1 ottobre 2014*)

2.2   Il fuoco e l'acqua (da Leonardo)

"Il foco contende l'acqua posta nel laveggio, dicendo come l'acqua no merita star sopra il foco, re delli elemente, e così vo' per forza di bollore cacciare l'acqua del laveggio; onde quella per farli onore d'ubbidienzia discende in basso e annega il foco" (Leonardo, Codice Forster, Victoria and Albert Museum, Londra)

   Natura vuol che, vinta da gravezza,   1
vilmente scenda l'acqua in basso loco
e il fuoco sol sia degno dell'altezza.
   Ben conoscea filosofia il fuoco   4
onde, arrossendo, arse tutto di sdegno
al veder sopra a sé, posta dal cuoco,
   una caldara d'acqua. *"O uomo indegno,*   7
urlò rivolto all'empio, *come ardisti*
por l'acqua in sù, ben oltre il dritto segno ?"
   e all'acqua volto: *"Audace tu salisti*   10
di me più in alto, natura forzando,
ma eccelso loco vanamente ambisti".
   Gonfiossi adunque il fuoco, e sollevando   13
ardenti lingue, in un rovente abbraccio
cinse il paiolo e crebbe fino a quando
   l'apice suo non sovrastò di un braccio   16
l'acqua superba che disse, umiliata:
"Perdona, fuoco ! Io più non lo faccio".
   Ma nel dir questo, dal fuoco eccitata,   19
prese a bollire fino a traboccare,
di sé coprì l'orgogliosa fiammata
   e tutto spense il suo filosofare.   22
      (*26 settembre 2014*)

2.3   L'Argomento Ontologico spiegato al popolo

Per S. Anselmo d'Aosta (1033-1109), pensare inesistente l'Essere perfettissimo è contraddittorio, perché ciò che non esiste è imperfetto. Il monaco Gaunilone obiettò che un naufrago che pensi a un'isola dotata di ogni perfezione, invocando l'argomento ontologico, dovrebbe concludere che quell'isola esista realmente.

5

Sant'Anselmo, eremita aostano,
fece un giorno un discorso assai strano
per provar allo stolto e al sapiente
che Dio deve pensarsi esistente:
Se si pensa a un oggetto perfetto   5
più di ogni altro pensabile oggetto,
contraddice sé stesso il pensiero
che lo pensa perfetto e non vero.
Dio esiste perciò, va da sé,
che imperfetto è ciò che non c'è."   10
Gaunilone obiettò *"Caro Anselmo,*
se io penso a un perfetto pompelmo,
non deduco da questo pensiero
che il pompelmo ci sia per davvero !"
Ad Anselmo non piacque quel detto   15
che l'aveva così contraddetto,
onde irato esclamò: *"Gaunilone,*
se io penso a un perfetto coglione,
grazie a questo argomento potente,
vedo te qui, reale e presente !"   20
        (29 marzo 2015)

2.4   Il Duce

La maschia mascella
teneva protrusa.   2
La mente era chiusa,
ben più che confusa,
il muso prognato,
lo sguardo sdegnato,
qual Gattamelata

cui il Fato beffardo
sottrasse il cavallo.   9
   Tentò cammuffato
da milite crucco
salvar la pellaccia
ma quella sua faccia
svelò presto il trucco.   14

2.5   Ode a una zanzara tigre – I

   Mi hai fottuto, maledetta.
Io mi sono timpuliato[1]
per tenerti stretta stretta
al mio volto arrussicato[2].   4
   Ma malgrado la statistica
mi assicuri che alla lunga
dovrò aver la gioia mistica
(che io spero presto giunga)   8
   di veder sulla mia faccia
il tuo sangue – ovvero, il mio –
tu mi pungi sulle braccia,
tu non curi il crepitio   12
   dell'orrenda friggitrice[3]
ma il temibile tuo rostro
di sovrana succhiatrice,
tu mi infiggi ov'io ti mostro   16
   solo appena un po' di pelle
e soltanto le pudenda
in virtù delle mutande
sono immuni dalle bolle.   20

2.6   Ode a una zanzara tigre – II

   Dimmi, dimmi, muschittedda
unni vai c'ancor'è gghiornu ?
tu si nica, tu si bedda

---

[1] Mi sono dato schiaffi sulle tempie (tentando di colpirti)

[2] arrossato (per gli schiaffi che mi sono dato)

[3] Strumento (dai deludenti risultati) che fulmina con una scarica elettrica l'insetto che vi si posi.

ma 'n ti levi mai d'intornu.   4
   Ma chi fu sta gran disgrazia
ca macari ca c'è allustru[4],
suchi sempri e mai si sazia,
se li carni miei t'ammustru,   8
   se t'ammustru 'i pusa, 'a facci,
li cavigghi, lu vuddicu ?
Nun c'è forza ca ti cacci,
mentri ju ti maliricu !   12
   Pozzu stari cummigghiatu[5]
pi truvari un po' cunfortu ?
Jù accupu, vurricatu[6]
de linzola com'a 'n mortu.   16
   Nesciu 'a facci pi ciatari[7]
e tu già si supr'a mmia
picchì sento risunari
zi ... zi ... zì... chi sinfunia !   20
   Quann'a jatta jè 'n caluri,
e fa vvuci tutt'a notti
pi li peni di l'amuri,
quannu sparunu li botti   24
   pi la festa 'i qualchi santu
mentri tutti su curcati,
quannu senti qualchi cantu
di 'mpriachi strati strati   28
   ca di notti svigghia i genti,
nunn'è nienti, è pararisu
a cunfront' 'i sti turmenti:
chista è pena, chiddu è risu !   33
   Mentri sona stu cuncertu,
ju mi dugnu timpulati
c'a spiranza ca t'ansertu[8].
Accussì passu i nuttati,   36
   poi mi susu ch'e varagghi[9]
e la facci arrussicata,

---

[4] anche se ancora è giorno
[5] coperto
[6] Io soffoco, sepolto...
[7] Scopro la faccia per respirare
[8] mi schiaffeggio sperando di colpirti
[9] mi alzo sbadigliando

china 'i cocci e tu t'a squagghi.
Chi magnifica nuttata !   40
    (*9 sett. 2014*)

2.7   Ode a un buco nero (la calza smarrita)

Perché troviamo tante calze spaiate ? Dove sono le compagne mancanti ? Sono state inghiottite da un buco nero ? E cos'è un buco nero ?

Insondabile enigma cosmologico,   1
onnivoro orizzonte degli eventi[10],
qual paradosso sei tu gnoseologico
   che vivi obliterando gli esistenti,   4
e sol ti mostri a noi per ciò che estingui[11] !
Tu, per gli spenti oggetti, a noi parventi
   fai la tua massa e il campo onde ti impingui[12],   7
e la luce che spegni è quella sola
onde dal buio eterno ti distingui[13].

   Ora, rivela a me come si invola   10
la calza che smarrisce la scompagna.
Forse, nel cronotòpo[14] occulta vola
   per insondati cunicoli[15] e bagna   13
del suo pianto di vergine rapita
quella sfera[16] che a noi la discompagna
   dopo che a lungo l'abbia circuita[17] ?   16
    (*5 febbraio 2015*)

---

[10] *"Buco nero"* è un oggetto la cui massa è concentrata in una porzione di spazio puntiforme; il campo di gravità che ne risulta è così intenso che un oggetto, per potere uscire da una superfice ideale (*l'orizzonte degli eventi*) che ha il buco nero al suo centro, dovrebbe avere una velocità maggiore della velocità della luce; neanche la luce, quindi, può lasciare un buco nero, che di conseguenza è del tutto buio. Il buco nero è detto *insondabile*, perché nessun oggetto può visitarlo e trametterci informazioni

[11] Il buco nero, non emettendo luce, può essere rivelato perché cattura materia dalle vicinanze

[12] La radiazione emessa dalla materia che precipita verso l'orizzonte degli eventi (*gli spenti oggetti*) consente di determinare (*a noi parventi fai*) l'intensità del campo di gravità prodotto dal buco nero – il quale, attraendo materia, fa accrescere la massa del buco nero (*il campo onde ti impingui*) – e quindi anche la sua massa

[13] La radiazione emessa dagli oggetti in caduta verso il buco nero (*la luce che spegni*) segnala la presenza del buco nero

[14] cronotopo: spazio-tempo

[15] La teoria dei buchi neri predice l'esistenza di cunicoli nello spazio tempo (*worm holes* di Einstein-Rosen) che connetterebbero porzioni dell'Universo altrimenti disgiunte

[16] l'orizzonte degli eventi

[17] Il tragitto di caduta verso un buco nero si compie su una spirale attorno all'orizzonte, fino a che quel confine viene irreversibilmente superato

2.8   Eclisse di Primavera

La primavera del 2015 si apre con un'eclisse di Sole

    Ahimé, pallido Sole, che oggi escluse   1
di Cerere la figlia agli occhi nostri !
Degli inferi il sovrano la rinchiuse
    dove né fiori o luce le si mostri.   4
Ora ella, sotto forma di Selene,
osa ardire che tu a lei ti prostri
    e il fuoco tuo nasconder ti conviene.   7
        (*20 marzo 2015*)

2.9   Inquinamento

    Tentò fare un bagno
ove il mare è più bello
Un altro, compagno !
un altro, fratello !   4
    Gagliardo, quel grido
suonò in mezzo ai flutti
laddove ha il suo nido
Escherichia, ove tutti   8
    i colibatteri,
schierati in armate,
aspettano fieri
le insane brigate   12
    di ignudi bagnanti
che ardiscon – dementi ! –
sguazzare festanti
tra effusi escrementi.   16
    Vibrioni giulivi
invaser le nari,
i dotti auditivi,
le vie salivari,   20
    discesero arditi
tra cupe frattaglie,
con i leucociti
sostenner battaglie.   24

    Le vie digerenti
li vider trionfare.
Tra grida e lamenti
fu visto scappare   28
    l'incauto bagnante
che il peso in eccesso
depose abbondante
(è ovvio: nel cesso)   32
    (*14 maggio 2015*)

2.10   21 luglio 1969

*Il 21 luglio 1969, due uomini sbarcarono sulla Luna. Si stima che più di
un miliardo di persone abbiano assistito alla trasmissione in diretta di
quell'evento*

    E come potevamo noi dormire
con il piede di un uomo sulla Luna ?   2
    (*21 luglio 2014*)

2.11   Helicobacter pylori

    Che sei venuto a far nel mio piloro,   1
elicoidale parassita occulto ?
Non più godrai dell'acido del cloro,
    non più pietà avrai da me o indulto.   4
Quanto mangiai di insipida pastina,
che condivo, per medico consulto,
    con Tagamet e con Citrosodina !   7
Adesso fuggi o già doman mattina,
vendetta avrò dall'Amoxicillina.
    (*10 maggio 2015*)

Capitolo 3

Cronache del 2014

3.1 Non toglieteci la Tasi !

Abolita la vecchia imposta comunale sugli immobili (Ici), il governo Berlusconi introduce l'imposta municipale unica (Imu), che il governo Monti, con il decreto "Salva Italia", renderà più gravosa dell'Ici. Nel 2014 viene soppressa l'Imu sulla prima casa, mentre a ritmo vertiginoso si succedono nuovi acronimi (Tares, Tari, Iuc) fino alla Tasi

   Se l'Ici tolser prima e poi rimisero   1

Se l'Ici tolser prima e poi rimisero   1
sotto mutato nome ancor più esosa
e così fu con l'Imu, ormai il misero
   contribuente sperar più non osa   4
che nuova legge altra imposta abolisca
ché l'esito sarebbe amara cosa:
   non leccar più la sarda, ma la lisca.   7
   (18 gennaio 2014)

3.2 Il governo Renzi

Il 22 febbraio 2014 il presidente del consiglio Renzi rende nota la lista dei ministri: molti nomi nuovi rimpiazzano la vecchia nomenclatura

   Poich'ebbe rottamato le cariatidi
fece infine un governo di carneadi.
   (22 febbraio 2014)

3.3 Encomio del ministro degli interni, Alfano

Il 31 maggio 2013, Alma Shalabayeva viene espulsa dall'Italia e deporta-
ta con la figlia di 6 anni in Kazakhstan. La donna è moglie del banchiere
kazakho Mukhtar Ablyazov, oppositore del presidente Nazarbayev del
quale Berlusconi ha spesso rivendicato di essere amico. Il ministro del-
l'interno Alfano dichiara – smentito dal suo capo di gabinetto – di non
essere stato informato di nulla.

Confezionò con madre e figlia un pacco   1

Confezionò con madre e figlia un pacco   1
col quale fece un gentile presente
a un socio del Berlusca, ad un kazakko.
Io – disse poi – *non ne sapevo niente.*   4
Qui fa tutto il mio capo gabinetto.
Niente vidi o sentii; io ero assente
  e se c'ero, dormivo nel mio letto.   7
    (*24 febbraio 2014*)

3.4 Sopprimere il Senato ?

    ... O buon principio,
a qual vil fine convien che tu caschi !
    (*Par.* XXVII, vv. 59-60)

Poiché Brenno i romani ebbe sconfitti,   1
timor gli diede il fiero e grave aspetto
dei senatori, allora che ebbe fitti
  i suoi occhi nei lor, nel lor petto   4
non di ferro fasciato o molli vesti,
che morire non ebbero a dispetto.
  Ora in quell'aula, dove già vedesti   7
Quinto Fabio, Appio Claudio e Cincinnato,
germoglian di quel ceppo amari innesti
  onde l'antico tronco è soffocato.   10
Quei nomi austeri occorre che rimpiazzi
con Scilipoti, con Gasparri e Razzi.   12
    (*14 marzo 2014*)

3.5   Renzi e Berlusconi cancellano il Senato

Malgrado sia stato espulso dal Senato a seguito della condanna per frode
fiscale (v. i brani 5.26 (pag. 65), 5.30 (pag. 67) e 5.31 (pag. 67)), Berlu-
sconi collabora con Renzi al progetto di soppressione del Senato

    Poich'ebber gravemente ponderato
e infin da sé cacciaron il corrotto,
mal gliene incolse, ché il defenestrato
gli fe' pagare subito lo scotto
insieme a Renzi abrogando il Senato   5

****

    Scontino i senatori l'ardimento
onde cacciar Berlusca dal Senato
ché per un che cacciar, tutti e trecento
adesso caccia quegli che han cacciato   4
     (marzo 2014)

3.6   Berlusconi, la Gagliardi e la droga

Il 13 marzo 2014, nel bagaglio della 31-enne Federica Gagliardi, in
arrivo a Fiumicino da Caracas, vengono scoperti 24 Kg di cocaina.
Nel 2010, la donna aveva accompagnato Berlusconi al G20 di Toron-
to (Canada). Roberto Saviano si chiede se allora il bagaglio diplomatico
della Gagliardi possa avere contenuto droga. La stampa berlusconiana
esprime sdegno per la vile insinuazione[1]

    Sallusti sgrana gli occhi inorridito   1
terreo nel volto assai più dell'uso,
la Santanché sdegnata mostra il dito,
    Belpietro ancor più avanti spinge il muso   4
per l'ira che gli avvampa e preme in petto
ché una calunnia, per infame abuso,
    vuol che Berlusca, l'amato, l'eletto,   7
quando viaggiava in missione di stato
da titolar del sommo gabinetto,

---

[1] http://www.liberoquotidiano.it/news/11569113/Roberto-Saviano—I-voli.html

21

sull'aereo di stato abbia imbarcato   10
un mercante di droga (o mercantessa).
Calunnia contro un uomo intemerato !
  Contro il pio Silvio, che va sempre a Messa,   13
che per far bene, veleno raccoglie,
che non fuma neanche per scommessa !
  Lui, come un santo, dalla strada toglie   16
donnine marocchine o colombiane
e all'Olgettina tutte poi le accoglie
  insieme ad altre, straniere e italiane.   19
Quivi fan vita onesta e ritirata
tra seri studi, tra letture sane.
  Berlusca ha la coscienza immacolata !   22
La cocaina, lui non l'ha mai vista,
non sa che cosa sia, né l'ha sniffata.
  Questa è speculazione comunista !   25
Fondata poi su cosa ? Sopra il fatto
che la Gagliardi aveva una provvista
  di cocaina che ferì l'olfatto   28
del cane messo ad annusar gli effetti
dei viaggiatori, e che restò strafatto
  tra doganieri allibiti e interdetti,   31
a pancia in aria per un mese esatto.
  (21 marzo 2014)

3.7 Razzi contro la soppressione del Senato

Interpellato da un giornalista sul progetto di soppressione del Senato, il senatore Razzi risponde dicendo che al Senato ci sono i veri saggi e che "gallina vecchia fa buon brodo"[2]

  Lo vedevamo fra i padri coscritti,   1
legislatore d'Italia intemerato,
al popol additar, con saggi editti,
  le vie del viver civile e ordinato.   4
Or, novella riforma, a tradimento,
a Razzi il seggio, a noi toglie il Senato.

---

[2] http://video.repubblica.it/politica/razzi-gallina-vecchia-fa-buon-brodo
-al-senato-ci-sono-i-veri-saggi/161998/160489

"Noi portiam la saggezza in Parlamento   7
perché gallina vecchia fa buon brodo"
così il buon Razzi detta il suo commento.

E dice il ver, che appena fece approdo,   10
eletto con Di Pietro, in quei palazzi,
lui saggio si mostrò, sagace e a modo.

"Son senatore per farmi i miei cazzi"[3]   13
fu il suo programma, la stella polare
che ebbe per guida in tutti i suoi intrallazzi.

Quando Fini perciò fece mancare   16
i suoi voti al governo, e il presidente
sembrava stesse già per licenziare

il Parlamento, Razzi eroicamente   19
lasciò Di Pietro e quindi a Berlusconi
come edera si avvinse strettamente

sì che il governo rimase in arcioni,   22
il Parlamento tenne, e il vitalizio
maturò senza più preoccupazioni.

Incassò poi il prezzo del servizio   25
che rese con il cambio di casacca,
come un che soddisfi l'altrui vizio,

per essersi venduto qual baldracca   28
che il suo mestier sa ben come va fatto.
Che meraviglia c'è se un uomo stacca

un pingue assegno a chi lo ha soddisfatto ?   31
(9 aprile 2014)

3.8   Dell'Utri attende a Beirut la sentenza

Mentre la Cassazione sta per pronunciarsi sul ricorso di Dell'Utri contro la sentenza della Corte d'Appello di Palermo che lo ha condannato per mafia, l'interessato fugge a Beirut. Ma non è fuggito, chiosano i suoi difensori; è andato in Libano per motivi di salute: per curarsi

Dell'Utri in fuga ? Quando mai si è detto !
Il mio cliente, signor presidente,

---

[3] *"...Io non avevo la pensione. Dieci giorni mi mancavano. E per dieci giorni mi inculavano. Perché se si votava il 28 di marzo, io per dieci giorni non pigliavo la pensione. Hai capito? Io penso anche per i cazzi miei, io ho pensato anche ai cazzi miei"*. (Così Razzi esponeva il suo credo politico; v.: https://www.youtube.com/watch?v=aMrBBam9F5g

le manda a dire che non è scappato.
Vuol che Ella sappia che giace malato
in un giaciglio di Beirut, gemente,
lontano dai suoi cari, da ogni affetto,
curato solo da gente straniera.
Dolente ha il corpo, ma ha la fronte altera.   8

  Per quanto detto, signor presidente,
io faccio istanza che alla corte piaccia
di riconoscere come qualmente
per un errore gli han dato la caccia
Interpol, polizia e tutti quanti
come se fosse un capo di briganti.   14

  Revocate il mandato di cattura;
consegnate Dell'Utri ai suoi affetti,
al mondo dello sport, della cultura,
ai libri antichi, agli amici diletti,
ai figli, a tutta quanta la famiglia.
Lo vuol giustizia e prudenza consiglia !   20

(*15 aprile 2014*)

3.9   Cracco e le patatine fritte "S. Carlo"

Lo chef Carlo Cracco, già severissimo censore dei partecipanti al concorso Masterchef, ora fa il testimonial delle patatine fritte S. Carlo

  Due vite visse; in quella già trascorsa,
come un drago aggredì i profanatori
della cucina, ma poiché la borsa
San Carlo gli mostrò, i suoi furori   4
  tosto depose. Mite come agnello[4],
vende or patate fritte a Carosello.   6
  (*30 aprile 2014*)

---

[4] Cfr.: *... l'oltracotata schiatta che s'indraca / dietro a chi fugge, e a chi mostra 'l dente / o ver la borsa, com'agnel si placa...* (*Paradiso*, XVI, 115-117)

3.10 Il Consiglio Superiore della Magistratura toglie le indagini sulla mafia a Di Matteo

Con circolare del 5 marzo 2014, il Consiglio superiore della magistratura dispone che solo i magistrati della Direzione distrettuale antimafia possano indagare sulla mafia. Una conseguenza è che al sostituto procuratore Nino Di Matteo, il cui incarico alla Dda è scaduto da 4 anni, non potranno essere affidate nuove indagini

    Hanno scoperto ch'era fuori ruolo,   1
che non aveva più la competenza.
Batton festanti tutti sul bugliolo
    Riina e Provenzano, ed in assenza   4
di Messina Denaro, fanno festa
anche per lui. Adesso, in obbedienza
    ai supremi precetti, ogni altra inchiesta   7
che disturbi la mafia, gli andrà tolta.
La piena passa, rialza la testa
    la velenosa canna, un'altra volta.   10
       (*7 maggio 2014*)

3.11 Scajola arrestato

L'8 maggio 2014, Claudio Scajola è arrestato con l'accusa di aver favorito la latitanza di Amedeo Matacena, condannato per associazione mafiosa. Scajola, da ministro dell'interno, aveva fatto togliere la scorta a Marco Biagi, poi ucciso da terroristi; dopo quell'omicidio, definì Biagi "un rompicoglioni".

    Lasciò Biagi da solo, senza scorta   1
come si addice ad un rompicoglioni;
ma quando andava a bussare alla porta
    di chi sappiamo noi, quattro omaccioni   4
con le armi in pugno, in macchina blindata
vegliavan su scopate e su effusioni
    perché a Scajola fosse assicurata   7
massima discrezione, finché ieri
giunse a Rebibbia in visita guidata

con altra scorta: due carabinieri.   10
    (*11 maggio 2014*)

3.12   Il PD vota per l'arresto di Genovese

*Il 15 maggio 2014, la Camera autorizza l'arresto del deputato PD Geno-
vese, con il voto favorevole del suo gruppo*

    E pure Genovese adesso è dentro.   1
Lui si agita, protesta inviperito,
grida indignato ai suoi: *"Ma io che c'entro ?*
    Tutta la vita ho servito il partito   4
e voi adesso, per riconoscenza,
mi scaricate: 'Ecco il benservito !' "
    Ma tu, figliolo, porta un po' pazienza;   7
devi capire, abbiamo le elezioni
tra dieci giorni, abbiamo l'emergenza
    dei 5 stelle, e poi c'è Berlusconi   10
che si fa propaganda anche all'ospizio[5],
e siamo con Greganti sui maroni...
    La gente non ci vota ! Hanno lo sfizio   13
di votare piuttosto Beppe Grillo,
se non facciamo questo sacrifizio.
    Ma tu, in galera, entraci tranquillo.   16
Con le leggi che ha fatto Berlusconi,
va tutto in prescrizione, ed un cavillo
    per te è già pronto, dopo le elezioni !   19
    (*16 maggio 2014*)

3.13   Berlusconi a *Porta a Porta*

*Il 22 maggio 2014, a Porta a Porta Vespa è inaspettatamente duro con
Berlusconi; dopo averlo messo più volte in difficoltà, alla fine gli nega
un minuto che l'altro gli chiede con insistenza; "Posso darle il cinque"
è la sua replica*

---

[5] Berlusconi, già condannato a 4 anni per frode fiscale, ha avuto la pena commutata nell'obbligo
di prestare servizio in una casa di riposo per 4 ore alla settimana per un anno.

"Dottor Vespa, un minuto, mi consenta,   1
Porta a Porta non può finir così...
come non può ? Non è lei che presenta ?

Non capisco. Allibisco. Sono qui   4
nel mio salotto buono, son venuto
davanti al mio fedele "Signorsì"

che nega adesso a me anche un minuto ?   7
Com'è che mi offre il cinque ? Devo dire
che non comprendo questo suo rifiuto...

Che dice ? Devo alzarmi ? Devo uscire ?   10
Nessuno mai m'ha trattato così..."
Sul leone ormai prossimo a morire

scalciò un mulo; una vespa lo finì.   13
(24 maggio 2014)

3.14   Si salvi chi può

Mentre il ventennio di Berlusconi volge alla fine, molti suoi fedelissimi, che tacciavano di tradimento Alfano, cercano di sistemarsi tra i "Fratelli d'Italia" della Meloni

Dici 'n vecchiu pruverbiu *"Futti, futti*   1
a minchia china, 'n ti nn' a' 'ncarricari[6]
ca Diu, si sapi, appoi pirduna a tutti".

Ma se la varca affunna, i marinari,   4
beddi sazi di quantu hanu manciatu,
lassunu 'o cumannanti n' funnu 'o mari

ch' annìja[7] sulu, tristu e disprizzatu   7
e si jettunu 'n brazza[8] d'a Meloni
o d'Alfanu, ca prima hanu sparratu

ch'ava traditu a Sivviu Bellusconi.   10
(24 maggio 2014)

---

[6] Non te ne preoccupare
[7] annega
[8] e si gettano fra le braccia

Capitolo 4

Muzziata

4.1   Presepe

<table>
<tr><td>

Se vai a San Gregorio degli Armeni,
trovi Re Magi, cammelli, pastori,
trovi che c'è un confuso andirivieni

   di portatrici d'acqua, tosatori
di remissivi agnelli e pecorelle,
di domatori di immobili tori.

   Puttini dalle gote paffutelle
avrebbero qualcosa da annunciare,
che c'è una stella nuova tra le stelle,

   ma occorrerebbe starli ad ascoltare,
guardare in alto, alzare su la testa,
non affannarsi a fare per disfare

   come operose folle in cartapesta.
Giocano i bari a scopone e tressette
all'osteria, bevono e fan festa.

   Col fabbro, c'è il vasaio che non smette
mai di plasmar la sua unica brocca;
l'altro, il ferro dal fuoco toglie e mette

   nell'acqua del ruscel che mai trabocca,
perché mai se ne aggiunge o se ne toglie,
finché l'ora di spegnere non scocca,

   quand'è notte ed il sonno tutti accoglie
e il motorino smette di ronzare
e tutta l'acqua in basso si raccoglie.

   Domani, si potrà ricominciare.
   (*17 dicembre 2012*)

</td><td>

1

4

7

10

13

16

19

22

25

</td></tr>
</table>

Muzziata: insieme di cose eterogenee, prese *"a mmuzzu"*

4.2   In un'osteria di Augusta

Parrannu cu rispettu e 'dducazioni,   1
cumpari miu, vui nun capiti 'n cazzu !
Siti amminchiatu contr'a Bellusconi,
    smaniati, ittati vuci com'a 'n pazzu,   4
diciti ch'è 'mprugghiuni, munzignaru,
c'ogni italianu è stimatu 'n pupazzu
    pi ccurpa – diti vui – 'i stu fimminaru,   7
ca tuttu 'u munnu ni riri darreri...
ma sti minchiati, a vvui cu vi cuntaru ?
    quando ca io – ca nun nascii ajeri ! –   10
so bbene come il monto lo arrispetta !
Parru d'austanisi e furasteri,
    dottori lauriati, genti spetta   13
ch'hanu sturiatu assai – no com'a vvui
ca v'ammuccati qualunqui purpetta
    e 'n sapiti cuntari fin'a ddui –   16
genti 'i Catania, genti 'i tutti 'i banni
(giro il monto, sapiti, io pure fui
    'na vota a Roma, e ppi 'na para d'anni   19
mi curai puru 'u ficutu a Chiancianu
ca jè dopp'a stazion'i Battipanni,
    pagghiri a Napuli, tantu è luntanu);   22
parru di galantomini e scienziati
ca vui nun ci vasati manc'a manu,
    ch'a ddilla tutta, mancu cci'a'nnacati,   25
com'a Zibbibbo, ca javi tanta scienza
ca se vui pi cent'anni v'applicati
    a capiri chi dici, jù 'n cuscienza   28
vi pozzu diri ca'n capiti nienti.
Pi mmia, cumpari, fu la Pruvirenza

(segue a pag. 32)

In un'osteria di Augusta

Versione in lingua italiana

Parlando con rispetto ed educazione,   1
compare mio, voi non capite un accidenti !
Siete fissato contro Berlusconi
    date in smanie, urlate come un pazzo,   4
dite che è imbroglione, bugiardo,
che ogni italiano è stimato quanto un fantoccio
    per colpa – dite voi – di questo donnaiolo,   7
che tutto il mondo ci ride dietro ...
ma chi ve le ha raccontate queste fandonie ?
    quando io – che non sono mica nato ieri ! –   10
so bene quanto il mondo lo rispetti !
Parlo di augustani e forestieri,
    dottori laureati, persone intelligenti   13
che hanno studiato molto – non come voi
che ingoiate qualunque polpetta
    e non sapete contare fino a due –   16
persone di Catania, di tutte le città ...
giro il mondo, sapete, io sono pure stato
    una volta a Roma, e per un paio d'anni   19
mi sono pure curato il fegato a Chianciano
che è dopo la stazione di Battipanni [=Battipaglia]
    sulla strada per Napoli, tanto è lontano;   22
parlo di borghesi e di scienziati
ai quali voi non siete degno di baciare la mano,
    a dirla tutta, neppure di scuotere il membro virile,   25
come Zibibbo, che ha tanta scienza
che voi, se per cento anni vi applicate
    a capire cosa dice, io in coscienza   28
vi posso dire che non capite niente.
Per me, compare, fu la Provvidenza

(*segue a pag. 33*)

(v'alluminassi pur'a vvui la menti !)   31
ca ni mannau a Sivviu Bellusconi.
Pinsava e' fatti soi, 'n sapeva nienti
    di partiti, pulitica, 'lezioni,   34
quannu l'amicu so Cunfaloneri
ci rissi *"Sivvio ! Ascuta la nazzioni*
    ca voli a ttia pi ccapu e nostru alfieri !   37
Sarva l'Italia tu de cumunisti !"
(li carni arrizzunu ! mi pari ajeri !)
    "Chi fu ? – ci rissi Sivviu – Chi dicisti ?   40
ch'aj' a sarvari l'Italia ? Amicu caru,
haiu chiffari, è 'nutili ca 'nsisti".
    "Ma Cràcchisi 'n c'è chiui, si lu jucaru",   43
rissi l'amicu, *"nienti tu sapisti ?*
A Milanu, nnu sai chi cumminaru
    ssi maggistrati 'nfami, amari e tristi ?   46
Tutti l'amici nostri 'i 'ncarzararu !
Lassaru fora sul'e cumunisti !"
    Sivviu aggiarnau: *"Sulu mi lassaru,*   49
mischin'i mia, a mmanu di Togliatti ?
Unni m'ammucciu ? Unn'è ca m'arriparu ?
    Sbintura ranni è chista ca m'ammatti !"   52
"Sta pena ci voi dari tu a to matri ?
– rissi l'amico – Sùsiti e combatti !!
    Basta ca tu t'addrizzi e ca li squatri   55
cu na mala taliata e poi vederi
scappari a cursa i cumunisti latri !
    Tu sei l'unico, il solo cavaleri   58
ca pò sarvari i nostri picciriddi
de' cumunisti, di st'armali feri

(*segue a pag. 34*)

(magari illuminasse pure a voi la mente !)   31
che ci mandò Silvio Berlusconi.
Lui badava ai suoi affari, non sapeva niente
    di partiti, politica, elezioni,   34
quando il suo amico Confalonieri
gli disse *"Silvio ! Ascolta la nazione*
    che ti vuole per capo e nostro alfiere !   37
salva l'Italia tu dai comunisti !"
(Mi sento i brividi ! mi sembra come fosse ieri !)
    "Cosa è stato ? – gli disse Silvio – cosa hai detto ?   40
che devo salvare l'Italia ? Amico caro,
ho altro da fare, è inutile che tu insista".
    "Ma Craxi non c'è più, se lo sono giocato   43
– disse l'amico – non hai saputo niente ?
Non sai cosa hanno combinato a Milano
    quei magistrati infami, amari e malvagi ?   46
Hanno messo in carcere tutti i nostri amici,
hanno lasciato fuori solo i comunisti !"
    Silvio impallidì: *"Mi hanno lasciato solo*   49
– povero me ! – in mano a Togliatti ?
Dove mi nascondo ? Dove mi riparo ?
    Che grande sventura mi travolge !"   52
    "Vuoi dare questa pena a tua madre ?
– disse l'amico – Alzati e combatti !
    Basta che tu ti metta in piedi e che li squadri   55
con un'occhiataccia e potrai vedere
scappare di corsa i comunisti ladri !
    Tu sei l'unico, il solo cavaliere   58
che può salvare i nostri bambini
dai comunisti, questi animali feroci

(*segue a pag. 35*)

ca sunu 'n focu ca jetta faiddi   61
c' 'addùmunu la pagghia, e 'u focu spanni
e i faiddi si fanu quant'e stiddi
  e lu focu si fa sempri cchiù granni.   64
Sta palora fu comu na frustata !
S'addrizza Sivviu. L'autru: *"Ai toi cumanni !"*

  Tunnu tunnu si vota; 'na taliata   67
so fa scantari puru l'aria e u ventu.
Cumpari, senza falla esagerata,
  parsi Re Umbertu supra 'o bastimentu   70
ca va a fari la triplici alleanza,
comu cunta lu gran cumpunimentu[1].

  E mentri tutti si rattàun' 'a panza,   73
eccu ca scinni 'n campu Bellusconi:
"Ora ci ansigno a tutti la crianza !
  Voi comunisti ! Fora dai coglioni !"   76
Mi parsi San Numìnicu[2], cumpari,
quannu i turchi tintaru l'invasioni,
  ca mentri ognunu si jeva a mmucciari,   79
iddu li caccia, cu la spada 'n manu,
ca nunn àppuru l'armu di turnari.

  'U stissu Sivviu, ca cacciau luntanu   82
li cumunisti, libberau l'Italia
e doppu l'abbirsau cu la so' manu.
  "Dell'Utri ! – dissi – fammi Fozzatalia !   85
Li toi programmi a mmia, maistro Gelli !
Emma, Coddero, addrizzati a'litalia[3] !
  Non pinsati a li sordi, perchè a quelli   88
ci penso jù, ca i pigghiu de' spisi
pe scoli e ppe 'spidali". Amici belli,

(segue a pag. 36)

---

[1] Allusione a *La triplici allianza*, che Nino Martoglio pubblicò nella sua raccolta di versi *Centona*

[2] Secondo la tradizione, S. Domenico di Guzman, apparendo a cavallo e con la spada sguainata, mise in fuga dei pirati turchi, che il 24 maggio 1594 erano sbarcati in localita *Terravecchia* di Augusta

[3] Dell'Utri è uno dei creatori di *Forza Italia*. Licio Gelli è Maestro Venerabile della loggia massonica *P2*, alla quale aderisce anche Berlusconi. Emma Marcegaglia e Cordero di Montezemolo sono due tra i *patrioti* che nel 2008 accolgono l'appello di Berlusconi per il salvataggio dell'Alitalia

che sono un fuoco che scaglia faville   61
che infiammano la paglia, e il fuoco si espande
e le faville diventano numerose come le stelle
  e il fuoco si fa sempre più grande.   64
Questo discorso fu come una frustata !
Silvio si drizza in piedi. L'altro: *Ai tuoi comandi !*

  Si volta tutto intorno; un'occhiata   67
sua fa spaventare anche l'aria e il vento.
Compare, senza volere esagerare,
  sembrò Re Umberto, sopra il bastimento   70
che va a fare la triplice alleanza,
come racconta il gran componimento.

  E mentre tutti si grattavano la pancia,   73
ecco che scende in campo Berlusconi:
"Ora insegno a tutti le buone maniere !
  Voi comunisti ! Fuori dai coglioni !"   76
Mi sembrò San Domenico, compare
quando i turchi tentarono l'invasione,
  che mentre ognuno si andava a nascondere,   79
lui li caccia con la spada in mano,
che non ebbero il coraggio di tornare.

  Fece lo stesso Silvio, che cacciò lontano   82
i comunisti, liberò l'Italia
e poi la sistemò con la sua mano.
  "Dell'Utri – disse – *fammi* Forza Italia !   85
I tuoi programmi a me, maestro Gelli !
Emma, Cordero, raddrizzate l'Alitalia !
  Non vi preoccupate dei soldi, perché a quelli   88
provvederò io, riducendo le spese
per le scuole e gli ospedali". Amici belli,

(segue a pag. 37)

se nn'era pp'iddu, tuttu lu paisi   91
– partennu 'i vui ! – jèrumu 'n Sibberia,
morti di friddu, beddi tisi tisi,
    oppuru morti di fami e miseria.   94
Ma c'è no munnu tanta malaggenti...
scusati, 'mpari, na ddumanna seria:
    javi già n'ura ca 'n diciti nienti;   97
chi fu, durmiti ? 'u vinu v'alluppiau ?
(L'occhi rapìu; ancora è 'n sintimenti).
    Perciò, sta malaggenti, chi pinsau ?   100
Mentri ca Sivviu caccia i cumunisti
e sbatti e pati... (quantu ni passau !)
    si mettunu d'accordu giurnalisti,   103
jùrici 'nfami, genti arraggiatizza
com'a chidda 'i Milanu[4] ... jù 'a visti,
    a ssu cani sarbaggiu, ca s'appizza   106
che renti na li carni 'i ddu 'nnuccenti,
mancu ca jera 'n caddozzu 'i sasizza !
    E tróvunu accussì comu qualmenti   109
a Sivviu, ci piacevunu picciotti
li fimmini, no vecchi e senza renti,
    boni sulu a'mmuccari pira cotti !   112
Arristaru – mischini ! – scannaliati !
P' 'o scuncertu, nun dormunu la notti !
    Quannu 'mmeci, si ancora m'ascutati,   115
stanu facennu sti gran pantumimi
pi la 'mmiria ca janu ! Su arrapati,
    e fanu com'a jatta ca saimi !   118
Però, se Sivviu l'avissi ammitati
a fari *Bunga Bunga*, jèrunu i primi

(*segue a pag. 38*)

---

[4] Allusione al P.M. Ilda Boccassini, che ha sostenuto la pubblica accusa nel processo "Ruby" a
carico di Berlusconi

se non era per lui, tutti noi paesani   91
– partendo da voi ! – eravamo in Siberia,
morti di freddo e irrigiditi,
   oppure morti di fami e miseria.   94
Ma c'è al mondo tanta mala gente...
scusate, compare, una domanda seria:
   È già da un'ora che non dite niente;   97
che succede, dormite ? Il vino vi ha narcotizzato ?
(Ha aperto gli occhi: è ancora in sensi).
   Dunque, questa mala gente cosa ha pensato ?   100
Mentre Silvio caccia i comunisti
e si dà da fare e soffre (quante ne ha passate !)
   si mettono d'accordo giornalisti,   103
giudici infami, persone livorose
come quella di Milano ... io l'ho vista,
   quel cane selvaggio che si attacca   106
con i denti alle carni di quell'innocente,
quasi che sia un nodo di salsiccia
   e trovano così come qualmente   109
a Silvio, le donne piacevano giovani,
non vecchie e senza denti,
   buone solo a inghiottire pere cotte !   112
Poveretti ! Rimasero scandalizzati !
Per lo sconcerto, non dormono la notte !
   Quando invece, se ancora mi ascoltate,   115
stanno facendo queste grandi pantomime
per l'invidia che hanno ! Sono infoiati,
   e fanno come la gatta con lo strutto[5].   118
Però, se Silvio li avesse invitati
a fare *Bunga-Bunga*, sarebbero stati i primi

(*segue a pag. 39*)

---

[5] Come la volpe e l'uva

– giurnalisti, avversari e magistrati,   121
tutti chissi ca fanu ssu burdellu –
c'arrivàvunu a Arcori sparati,
    pi ll'ardenzia 'i passari ddu cancellu   124
e fari *"futti-futti"* 'n cumpagnia.
Nun diti ca nn'è bberu o m'arribbellu ! –
    Ma Sivviu fici 'a gran suvercheria   127
– cùntunu ! – c'accattava deputati.
Ma i deputati – at'ascutari a mmia ! –
    mànciunu sempri e sempri su affamati.   130
Sunu cani ca cèrcunu patruni.
Gìrunu notti e gghiornu strati strati,
    tucculiannu a tutti li purtuni   133
e spiannu, cu facci di buttani,
    "Se jù vegnu cu ttia, tu chi mmi duni ?"
    E poi 'ncùrpunu a Sivviu ! Manchecani[6]   136
chi sprummenta sta genti vilinusa,
ca apprufitta ca Sivvi' jè 'n pezz'i pani !
    Pi chisti cà nun c'è pirdunu o scusa !   139
Ma pi pigghiari a Sivviu 'n ci su crocchi
ca jè na ficurinia assai spinusa,
    ca lassa spini com'a tocchi tocchi !   142
        (*30 Maggio 2013*)

---

[6] Manchecani o Mancalicani: letteralmente *neanche ai cani*; esclamzione che denota sorpresa e meraviglia

– giornalisti, avversari e magistrati,   121
tutti quelli che fanno tanto bordello –
ad arrivare ad Arcore sparati
    per la smania di oltrepassare quel cancello   124
e fare fotti-fotti in compagnia.
Non dite che non è vero, perché mi ribello !
    Silvio fece la gran sovercheria   127
– raccontano ! – di comprare dei deputati.
Ma i deputati – mi dovete ascoltare ! –
    mangiano sempre e sempre sono affamati,   130
Sono cani in cerca di padrone.
Notte e giorno vagano per le strade,
    bussando a tutti i portoni   133
e chiedendo, con facce di prostitute
Se io vengo con te, tu che cosa mi dai ?"
    E poi danno la colpa a Silvio ! *Mancalicani*   136
cosa va a inventare questa gente velenosa,
che approfitta di Silvio che è buono come il pane !
    Per questa gente non c'è perdono o scusante !   139
Ma non ci sono attrezzi (adatti) per prendere Silvio,
perché è una ficodindia assai spinosa
    che lascia spine comunque la si tocchi.   142

4.3   25 Aprile

1

Cos'è la Patria, senza il libro *Cuore*,
senza i Savoia, senza le fanfare,
senza che più ci sia un imperatore
   e un impero che giunga oltremare,   4
chi sei tu Patria ancor, tradito nome,
madre tradita, che per malaffare
   di chi abusò di te, le belle chiome   7
con disonor perdesti, e che smembrata
fosti da figli traditori in nome
   del nemico invasor, madre umiliata,   10
madre col piede nemico sul cuore,
che a lungo fosti in pianto, disprezzata
   per ventennale stupro e disonore   13
che ogni antica virtù avvilì e corruppe ?
Ma raccolser dal fango il tricolore
   altri tuoi figli, tra sbandate truppe,   16
a Cefalonia, abbandonati eroi
dove il nemico soverchiante irruppe,
   nelle campagne tue, fra i monti tuoi,   19
nelle città, in via Tasso, a San Vittore[7],
nelle officine, nelle strade, e poi
   la libertà alfin lenì il dolore.   22
   (*17 marzo 2011, 150° anniversario dell'unità d'Italia*)

4.4   A Saffo

Tramontata è la Luna, tramontate le Pleiadi, a mezzo della notte . . .
(Saffo; ˜650 – 590 A.C.)

   A quante stelle ti avvicini o Luna,   1
quante ne incontri lungo la tua via ?
Le rivedi gioiosa, e loro incontro
ti vengono, a goder della tua luce.
Da quanto tempo godi di vederle,
desiderata, opalescente Luna,   6

---

[7] In via Tasso, a Roma, vi fu un carcere nazista, ora sede del Museo Storico della Liberazione;
nel carcere di S. Vittore (Milano) furono detenuti partigiani e antifascisti

da quanto tempo intrecci amori e inganni
con ognuna di lor, fingendo amplessi
che poi fuggendo eludi, quante volte
le Pleiadi gelosa ricopristi,
per goderne da sola lo splendore
e regalmente poi ti allontanasti,
nobilissima donna imperturbabile ?
(*30 gennaio 2011*)

4.5 Il mio gatto

Il leone del circo, sulla pista
salta, corre, dimentico del fiero
lignaggio, rugge a comando e si acquista,
  così facendo, il favor del severo
scettrato di scudiscio domatore.
Quel leone non è un leone vero.
  Il mio gatto, piuttosto, è un gran signore;
non son riuscito mai a fargli fare
cose che reputasse un disonore.
  Sarebbe un disonor scodinzolare
come potrebbe fare un barboncino.
Non lo fa mai, se mi vede arrivare.
  Ma se sono al computer, lui vicino
a me si mette, a fianco alla tastiera;
poi s'addormenta, e prende per cuscino
  il mio braccio sinistro, in tal maniera
che a stento posso articolar la mano.
Mi sale sulle gambe, quando è sera,
  e me ne sto affondato sul divano.
Prima mi annusa, poi mi si acciambella
sulle ginocchia, ronfando pian piano.
  Ma se lo prendo in braccio, si ribella;
si divincola, salta e va lontano
a fare altrove la sua pennichella.
  Se invece io gli parlo piano piano,
mi ascolta dimostrandomi attenzione
o finge solamente (è un gran ruffiano).
  Quando ha voglia di far conversazione,

mi par che dica: *"Il gatto tuo, da te*
vuole rispetto e considerazione.

   Se non c'è questo, cosa vuoi da me ?   31
Ch'io ti faccia le coccole a comando,
a tempo e luogo, come piace a te ?

   Se tu permetti, il come, il dove e il quando   34
son cose che decido solo io.
Son altro che un leon prono al comando

   di un uomo di cui tema il calpestio   37
dei passi quando viene, e se va via
sembrano i passi suoi uno scampanio."
(*3 dicembre 2008*)

4.6 Natale

   Il bambinello giace avvolto in fasce   1
nella grotta che s'apre a dargli ospizio.
Gioite e date lode a lui, che nasce

   per consolar l'umano sodalizio   4
dicendo cose mai dette: *"Beati*
i pacifici, quelli che in giudizio

   vengono trascinati e calunniati,   7
che di vera giustizia han fame e sete,
gli ultimi dei reietti, i non amati.

   Dò loro il Regno mio, se permettete   10
voi sacerdoti, scribi e farisei,
quelli di ieri e d'oggi. Voi avete

   tanta sapienza quanta non avrei   13
neppure immaginato, quando usavo
conversare con altri galilei,

   o i discepoli miei scandalizzavo   16
trattando da fratelli gli occupanti
o quei di Samaria; mi indignavo

   solo a sentir qualcun dei sicofanti   19
che mi avvertiva 'Quello è un peccatore !
L'altro, denari ne ha rubati tanti !

   Prestò denaro a un tasso superiore   22
a quel che chiedo io, quando lo presto.
Potresti fare da calmieratore ?'

Di giudicar la donna fui richiesto.   25
'Di me, non c'è bisogno; c'è la legge.
Lapidatela pure, e fate presto'.

   Volevan questo da me ! Già le schegge   28
di pietre appuntite avean in mano.
Ma si vede ch'io sono un fuorilegge.

   'Scagli la prima pietra ...' *piano piano,*   31
andaron via; a quella mia sorella
posi sul capo leggera la mano.

   Il suo dolore benedissi, e quella   34
passò la vita intera ricordando
che un uomo, un dì, salvò una femminella

   senza l'ardir di giudicarla, e quando   37
a me la meretrice diede onore
con le lacrime sue (già mormorando

   stava l'ospite mio) le dissi: Amore   40
avesti grande; a casa torna in pace.
Non ti curar di questo seccatore:

   è un uomo privo di cuore, è incapace   43
di penetrar nel cuor della Scrittura.
Giusto si crede, e a torto si compiace."
   (*Natale 2008*)

4.7 Cavour

   Mandò quindicimila soldatini   1
come pedoni al gioco degli scacchi
a combattere fuori dei confini

   con i turchi, in Crimea, contro i cosacchi.   4
Pochi di lor tornaron in famiglia.
Ma lui, grondante medaglie e pennacchi,

   Collar dell'Annunziata e paccottiglia   7
di dubbio gusto, infine comparì
in mezzo ai vincitori, a mille miglia

   da chi in Crimea andò e vi morì.   10
   (*11 marzo 2014*)

Capitolo 5

Cronache del 2013

5.1   La resurrezione di Berlusconi

*Già dato per finito nel novembre 2010, quando Fini lascia la coalizione,
Berlusconi ricostituisce una maggioranza con deputati provenienti da
altri gruppi. Governa così un altro anno, finché il 12 novembre 2011 si
dimette. Ma questa uscita di scena non è definitiva. Il 14 luglio 2012,
Berlusconi chiede alla Minetti, che da due anni è consigliere regionale
della Lombardia, di dimettersi. Nel gennaio 2013 dichiara che non ri-
candiderà Cosentino e Dell'Utri, entrambi sotto processo per mafia*

Nell'ultimo mistero del Berlusca	1
contempliamo la sua resurrezione,	
che i prodigi dei santi avanza e offusca.	
Ebbe con Fini la prima passione,	4
quando lo sdoganato irriverente	
pien di sdegno lasciò la coalizione[1].	
Ma Berlusca trovò tanta altra gente	7
ansiosa di prestarsi a surrogare	
il fuggitivo, e di affondare il dente	
nell'esca che il signor del lupanare[2]	10
offriva con larghezza principesca	
a chiunque avesse un mutuo da pagare[3],	
a chiunque avesse la fedina fresca	13

---

[1] Il 23 novembre 1993, Berlusconi dichiara *"Se fossi a Roma, voterei Fini"*. Fini è candidato
alla carica di sindaco di Roma per il *Movimento Sociale - Destra Nazionale*. Berlusconi pone fine
così all'isolamento politico di Fini: lo *sdogana*. Nel novembre 2010, Fini lascia la coalizione.

[2] Il 28 giugno 2011, nel chiedere al gup di Milano che Mora, Fede e Minetti siano processati, i p.m.
Forno e Sangermano descrivono *"un sistema strutturato per fornire ragazze disponibili a prostituirsi
... un sistema di sfruttamento per la mercificazione della dignità femminile ... un bordello di cui
erano parte le residenze dell'Olgettina dove le ragazze vivevano a spese di Berlusconi"*

[3] Cfr. nota 3 al brano 7.8, pag. 86 e nota 25 al brano 9.16, pag. 159

di novella condanna, a chi ostentasse
pelo che in pancia rigoglioso cresca.

    Avvenne dunque che resuscitasse   16
e che, comprata un'altra maggioranza,
per un altr'anno ancora governasse.

    Fece d'Italia un regno di abbondanza,   19
stimato fu con somma deferenza,
fra il general tripudio e l'esultanza.

    Per lui, godette ognuno di opulenza;   22
mangiavan tutti senza temperanza,
in ristoranti pieni oltre capienza

    a dilatar la straripante panza.   25
Agli aeroporti, ognuno era in partenza[4].
Si udiva appena flebile lagnanza

    di pochi scioperati in sofferenza   28
(chi non trovò lavoro o chi lo perse)
ridotti a viver di beneficenza.

    Per tanto ben oprar, quanto sofferse   31
il pio Berlusca ! ché la gran nequizia
d'una Walkiria[5] lo cinse e sommerse

    (complice fu la gallica malizia),   34
e tanta infamia all'inquilino piacque
dell'eccelsa magion quirinalizia.

    Da tal perfidia colto, Silvio giacque,   37
col sol conforto d'alcun caudatario,
e nella polvere ristette e tacque.

    Or dalla faccia si è tolto il sudario.   40
Cereo, lo zombie ha vergato un pizzino
rivolto all'Ufficiale Giudiziario,

    tale Alfano (di nome fa *Angelino*)   43
per dirgli di sfrattare la Minetti:
"Fuori questa maitresse[6] dal mio casino !

    Perciò le dici: 'Domani ti dimetti'[7].   46

---

[4] *"La vita in Italia è la vita di un paese benestante; i consumi non sono diminuiti, i ristoranti sono pieni, per gli aerei si riesce a fatica a prenotare un posto, i posti di vacanze sono iperprenotati."* Così si esprime Berlusconi al G20 (Cannes), il 4 novembre 2011. V. il brano 8.40, pag. 138

[5] Berlusconi ha presentato le sue dimissioni del 12 novembre 2011 come la conseguenza di una congiura capitanata dalla cancelliera tedesca Angela Merkel [*una Walkiria*] e dal presidente francese Sarkozy [*la gallica malizia*], alla quale si sarebbe prestato anche il presidente Napolitano.

[6] Il 19 luglio 2013, il tribunale di Milano, ha condannato Nicole Minetti a 5 anni per induzione alla prostituzione (delle sole donne maggiorenni) per il suo ruolo nelle "feste" di Arcore

[7] Il 15 luglio 2012, nel corso di un'intervista a *Sky*, Alfano dichiara che entro l'indomani la Minetti

Così staranno zitti i benpensanti
che non dovran vederla fra gli eletti.
   Ma ancora ho intorno facce imbarazzanti.   46
Gli elettori però sono un po' tonti,
come alunni di media, tutti quanti.
   Basterà ch'io gli parli e che li affronti   49
come fossi una vergine indignata
per sospetti infamanti, che si adonti.
   Giunto nel mezzo della sceneggiata,   52
su un vassoio farò recar la testa
di Marcello Dell'Utri, imbalsamata.
   Così metto a tacere la protesta   55
di chi mi vuole amico dei mafiosi.
Dirò pertanto, con la faccia mesta
   e la voce spezzata: "Nessuno osi   58
dar del mafioso a me, che ho mollato,
dopo una vita di traffici lucrosi,
   l'amico mio Dell'Utri, tanto amato !"   61
E questo pistolotto lagrimoso
ai loro occhi mi avrà riverginato.
   "Da sinistra lo vollero mafioso   64
– *diranno tutti* – e invece, avete visto ?
è un uomo probo, onesto e coraggioso,
   innocente, innocente come Cristo !"   67
(*26 gennaio 2013*)

5.2   Il papa si dimette

L'11 febbraio 2013, il papa Benedetto XVI annuncia che lascerà il ministero petrino

   Per quanto se ne sa, mai s'era visto   1
che un papa s'alza e lascia vuoto il posto
(manco se c'era in piedi Gesù Cristo),
   salvo qualche pontefice deposto   4
e mandato rapato in un convento
o assassinato da qualcuno tosto

---

dovrà lasciare il consiglio regionale della Lombardia, come deciso da Berlusconi in persona; la Minetti si dimetterà il 29 ottobre 2012

o Celestino quinto, nel trecento,   7
che vide in un lenzuolo Bonifazio[8]
per ché lui, quasi morto di spavento,

    scappò lasciando al finto spettro spazio.   10
Ma per Berlusca, che sventura è questa
(che Dio ancor ne lodo e ne ringrazio!)

    che sta a quest'ora con la faccia mesta   13
a dire "Cribbio, il crucco mi ha fottuto;
questa è una tegola sulla mia testa.

    Mi agito, strepito per darmi aiuto,   16
prometto soldi, rimborsi, condoni
pur di far punti, e lui fa il gran rifiuto,

    e in un colpo ti frega Berlusconi.   19
Mi ha rubato la scena; mi ha lasciato
a parlare da solo, a far sermoni

    come un povero idiota, un alienato   22
cui non risponde il popol dei devoti
come un istrione a teatro svuotato,

    che all'aria parla, al vento chiede voti,   25
lasciato solo ormai da tutti quanti,
salvo Gasparri, Razzi e Scilipoti.

    Passano galantuomini e furfanti,   28
atei devoti, preti, giornalisti:
io chiedo ascolto e loro e vanno avanti.

    Anche il papa ora sta coi comunisti !   31
    (13 febbraio 2013)

5.3   Epitaffio per Bersani

Le elezioni politiche del 24/25 febbraio 2013 segnano una cocente delu-
sione per il PD e il suo segretario Bersani

    Bersani giace qui poi che soppresse
il fu PD con le sue mani stesse
(25 febbraio 2013)

---

[8] Pare che il cardinale Caetani si mostrasse a papa Celestino V cammuffato da fantasma, per indurlo ad abdicare; il papa abdicò nel dicembre 1294; gli succedette il Caetani, con il nome di Bonifacio VIII

5.4 Visita fiscale per Berlusconi

Al tribunale di Milano è in corso il processo a Berlusconi per prostituzione minorile e concussione. I difensori chiedono il rinvio delle udienze a causa di una malattia agli occhi che impedisce a Berlusconi di presenziare. Il tribunale ordina una visita fiscale, suscitando indignate reazioni dei fedelissimi di Berlusconi. Il capogruppo del PdL alla Camera Cicchitto accomuna nel suo commento i giudici e i medici fiscali che non hanno accolto per intero le ragioni di Berlusconi: “Medici nazisti, su indicazione di un tribunale stalinista, sono andanti da Berlusconi e hanno emesso un verdetto disgustoso”

Angelino si lacera le vesti:　　　　　　　　　　　1
“Giudici infami ! Silvio ha male agli occhi
e loro cercano scuse e pretesti

　mentre lui lotta con gli streptococchi,　　　　4
mentre langue in un letto di dolore,
mentre invoca qualcuno che lo imbocchi,

　che dia conforto all'ulcerato cuore !　　　　　7
Cercan pretesti per trarlo alla gogna,
per coprirlo d'infamia e disonore.

　Ahi, giorno amaro di lutto e vergogna !　　　　10
Vedo al suo letto il medico fiscale
come avvoltoio addosso alla carogna.

　Vedo la Boccassini che lo assale,　　　　　　13
che gli propina amarissimo fiele,
che sulle piaghe sue cosparge sale.

　Vedo il nuovo Sinedrio sì crudele[9]　　　　　16
che sembra un tribunale stalinista,
onde assai soffre l'elettor fedele.

　Quando si è visto che uno che acquista　　　　19
i senatori a tre milioni al pezzo
sia trattato così da una nazista,

　lui che ha pagato sempre il giusto prezzo,　　　22
a De Gregorio, a Scilipoti, a Razzi[10]
(ché il denaro non fa puzza né lezzo),

---

[9] Cfr. *“Veggio il novo Pilato sì crudele ...”* (*Purg.* XX, 91)

[10] Il 23 ottobre 2013, Berlusconi viene rinviato a giudizio dal Gup di Napoli con l'accusa di avere corrotto con tre milioni di euro il senatore De Gregorio – eletto nella lista *IdV* – perché passasse a *Forza Italia*. De Gregorio ha confessato la corruzione ed è già stato condannato a 20 mesi di reclusione

lui, che nessuno c'è che lo rimpiazzi,   25
che se gli fanno ancor di questi sgarri,
ci ridurrem tutti poveri e pazzi
    io con La Russa, Cicchitto, e Gasparri..."   28
    (30 marzo 2013)*

5.5   La senatrice Pelino non paga il conto

La senatrice PdL Pelino si rifiuta di pagare il conto (11000 euro) della boutique. "La proprietaria della boutique – obbietta la senatrice – non mi ha rilasciato lo scontrino fiscale" (v. Repubblica, 21 marzo 2013)

Onore a lei, senatrice Pelino !   1
tragga esempio da lei il contribuente
a cui il cassiere nega lo scontrino,
    che per un dente cariato e dolente   4
lavora un mese per il suo dentista
che nega poi la fattura al cliente.
    Va alla boutique la senatrice, e acquista   7
splendide vesti. *"Euro: undicimila"*
è il totale che legge a fondo lista.
    Fanno i commessi di sé lunga fila   10
per consegnar gli acquisti alla signora
che li prende, ringrazia e si defila.
    Sparisce proprio, e il commerciante ancora   13
invano aspetta che lei saldi il conto.
"Saldare il conto ? Invano lei mi implora.
    Io non pago neppure con lo sconto.   16
Sto al parlamento assieme a Berlusconi
e osa pure farmi questo affronto ?
    E osa ancora rompere i coglioni   19
ad una gentildonna, alla Pelino ?
Vada, mio caro, fuori dai maroni
    e un'altra volta faccia lo scontrino !"   22
    (22 marzo 2013)

5.6   Marina, figlia devota

*Mentre è in corso il processo a Berlusconi per il caso Ruby, la figlia
Marina dichiara a* Panorama: *"Il processo è una farsa che non doveva
neppure cominciare"*

La figlia devota
pel padre s'accora:
rosseggia la gota
il pianto la irrora.   4
  In testa, un pensiero
le rode il cervello:
se mai fosse vero
che questo bordello   8
  che chiaman processo
finisca col padre
fatto ombra a sé stesso
per colpa di ladre   12
  megere vestite
di lugubri vesti[11]
che osino ardite
con vili pretesti   16
  ingiungergli: *Paga
gravissima ammenda
finché si dismaga
nostra ira tremenda !*   20
  Non ha già pagato
gravoso onorario
a quelle che ha amato
d'amor mercenario ?   24
  Un dì si pagava
non più di tremila
(Fabrizio cantava[12])
ma or fanno la fila   28
che il prezzo s'immilla,
si gonfian le buste

---

[11] Il riferimento è alle donne che in qualità di giudici del tribunale di Milano [vestite di lugubri
vesti = ricoperte dalla toga] hanno condannato Berlusconi

[12] Cfr.: *"ben mi ricordo che pria di partire / v'eran tariffe inferiori alle tremila lire"* dalla canzone
"Carlo Martello ritorna dalla battaglia di Poitiers", di Fabrizio de André

(la gota sfavilla
  di lacrime onuste)
    (*20 maggio 2013*)

32

5.7   Flop del Movimento 5 Stelle

Il Movimento 5 Stelle *doveva essere uno tsunami, ma le elezioni amministrative del 10 giugno 2013 ne segnano il collasso. Unica nota positiva per Grillo è la conquista dell'amministrazione di Ragusa*

Lo tsunami percosse Italia tutta
lasciando fango e Grillo a bocca asciutta.

5.8   Epitaffio per Grillo

V. Introduzione al brano 5.7, pag. 52

Qui giace Grillo, prode condottiero.
Prese Ragusa, perse il mondo intero.
  (*12 giugno 2013*)

5.9   Ferrara ascolta la lettura della sentenza

Il 24 giugno 2013 Giuliano Ferrara segue dagli studi di SkyTg24, la lettura della sentenza del processo a carico di Berlusconi per prostituzione minorile e concussione. I suoi commenti: "La sentenza è una farsa. Le giudici sono tre erinni. Milano è come Teheran, in balia degli ayatollah"

Ahi *dies irae,* ahi doloroso giorno !   1
Ippopotamo appar che al Nilo sguazza,
defeca e sparge gli escrementi intorno,
  nel limo affonda e così si sollazza,   4
fango e sterco spargendosi alle spalle,
ma poi si adira, si agita, si incazza
  dal fiume si ritrae – trema la valle ! –   7
e solo d'ira e di sdegno si pasce.
Un coccodrillo gli addentò le palle ?

Gliele serrò qualcuno tra ganasce ?   10
Gli spinse il fiume un tronco tra le chiappe
ond'ei patisce imprevedute ambasce ?

 Perché furente agita le nappe   13
della sua coda in minatorio segno ?
Ahimé, concluse son tutte le tappe

 del processo a Berlusca, onde disdegno 16
n'ebbe Ferrara, ché le giudicanti
umiliar Silvio, l'amato, a tal segno

 che parve uno come tutti quanti,   19
un re che ha perso la corona e il regno.
 (*25 giugno 2013*)

5.10 Il lamento di un devoto

 Lustru nu' mmiru cchiui[13], è scuru fittu. 1
Di quannu cunnannaru a Bellusconi,
mi sentu 'u cori 'n pettu strittu strittu,

 a birìllu ca pati[14] *'sta passioni*   4
ca pari Cristu avanti a Caifazzu.
Mi rìcunu l'amici *"Rompiglioni,*

 nu stari ittatu supr' 'a 'n matarazzu[15] 7
tuttu lu santu jornu a lastimiari[16]*,*
co chiantu ca rintrona no palazzu;

 nun dari saziu[17] *e cumunisti amari* 10
ca vìrunu ca tu chianci e ti pinni[18]
mentri ca iddi si stanu a 'mmuccari[19]

 nu jaddu a testa cu tutti li pinni". 13
 (*25 agosto 2013*)

---

[13] Non vedo più luce
[14] a vederlo che patisce
[15] non startene gettato su un materasso
[16] a lamentarti
[17] soddisfazione
[18] ti disperi
[19] stanno mangiando

5.11   Conversando con un'oloturia

Il 14 luglio 2013, il leghista Roberto Calderoli, vice presidente del Sena-
to e già ministro, durante un comizio della Lega a Treviglio (Bergamo)
dichiara: "Quando vedo la Kyenge, non posso non pensare a un orango"

   Mentri passiava n'jornu ala marina,
visti 'na minchia 'i mari na nu scogghiu.
M'agghiacciau la surùra n'a carina,
   orbu di l'occhi, 'mpari, si vv'amprogghiu !
ca si vota e mi prìja: *"Tu, dammi cuntu;*
jettimi a mari; chissu sulu vogghiu"
   'Mpari, minchiati a vui nun vi nni cuntu.
Era 'na minchia 'i mari ca parrava
e chiancennu mi rissi: *"Accussì scuntu*
   quantu fui tintu mentri ca campava,
quannu lassai i tinagghi di dintista.
Scippari renti a mmia nu mm'abbastava.
   Vosi jucari a fari lu statista
appressu a Bossi – ss'autru sbinturatu ! –
e sugnu arma dannata, persa e trista".
   Tuttu cunfusu ancora e ammaraggiatu,
alleggiu alleggiu jettu avanti 'n passu,
pigghiu ciatu e ci ricu: *"Com'ha statu ?"*
   Mi rissi: *"All'ura di lu me trapassu,*
divintai, d'omu ch'era, zoccu viri.
Giusta è la pena, giust'u cuntrappassu,
   ca zoccu sugnu 'i dintra, 'u fa bbirìri,
ca nuru mi lassau, senza spiranza
ca mi pozzu ammucciari o scumparìri.
   Calderoli mi chiamu; 'n gravidanza,
purtau la matri mia pi nnovi misi
'na tinta minchia 'i mari n'a la panza"
   Ci resi 'n cauci e a mari la rimisi.
   (*16 luglio 2013*)

1

4

7

10

13

16

19

22

25

28

Conversando con un'oloturia

Versione in lingua italiana

Mentre passeggiavo un giorno alla marina, 1
vidi un'oloturia sopra uno scoglio.
Mi si ghiacciò il sudore nella schiena;
possa perdere la vista, compare, se vi imbroglio ! 4
che si volta e mi implora: *"Dammi ascolto !*
gettami a mare, solo questo voglio".
Compare, a voi non racconto fandonie. 7
Era un'oloturia che parlava
e piangendo mi disse: *"Così io sconto*
quanto fui cattivo mentre vissi, 10
quando lasciai le tenaglie da dentista.
Non mi contentavo di strappare denti.
Volli giocare a fare lo statista 13
seguendo Bossi - quell'altro sventurato ! -
e sono anima dannata, perduta e malvagia".
Tutto confuso e in preda alle vertigini, 16
piano piano faccio un passo avanti,
piglio fiato e le chiedo: *Come è stato ?*
Mi disse: *"All'ora della mia morte,* 19
diventai, da uomo che ero, ciò che vedi.
Giusta è la pena, giusto il contrappasso,
che fa vedere ciò che ero internamente, 22
che mi lasciò nudo, senza la speranza
di potermi nascondere o scomparire.
Mi chiamo Calderoli. In gravidanza 25
portò mia madre per nove mesi
una spregevole 'minchia-di-mare' in pancia".
Le detti un calcio e la ributtai in mare. 28

5.12 L'espulsione di Alma Shalabayeva
e della figlia

V. Introduzione *al brano 3.3, pag. 20*

Povera terra mia, 'n manu e' briganti,   1
chini 'i curaggiu cu na picciridda,
valurusi com'a tanti tiatranti,
ca jarmaru sta frusta a menti fridda !
    Povira terra, unni cu cumanna   5
è servu di'n tirannu furastieri,
picchì voli accussì lu capubbanna,
picchì si fici servu pi mistieri !
    Povira terra, terra senz'anuri,   9
ca tratta i picciriddi com'a 'n pignu
pi ll'interessi di nu gran signuri,
"papi" pe troi, ma pill'autri patrignu !
    (*20 luglio 2013*)
Versione in lingua italiana

Povera terra mia, in mano ai briganti   1
pieni di coraggio con una bambina
valorosi come tanti commedianti
che organizzarono a freddo questa vergogna !
    Povera terra, dove chi comanda   5
è servo di un tiranno straniero
perché così vuole il capobanda,
perché scelse il mestiere del servo !
    Povera terra, terra senza onore   9
che usa i bambini come un pegno
per gli interessi di un gran signore,
"papi" per le troie, ma per gli altri patrigno !

5.13   Berlusconi condannato in Cassazione

Lugete Veneres Cupidinesque[20] !
Vogliono trasferir Berlusca in gabbia,
dalle cene eleganti, dal *burlesque* !
(che a male tu, Catullo, non te l'abbia !)   3

5.14   Il discorso di un moderato

*Il primo di agosto 2013, quando la Cassazione conferma la condanna
inflittagli per frode fiscale, Berlusconi si dice vittima dell'accanimento
dei magistrati comunisti contro di lui.* I giudici – *dichiara* – sono degli
impiegati statali che occupano quel posto per avere fatto un compitino

Popolo mio, con gran moderazione   1
ho detto già che i giudici son matti,
specie quelli che stanno in Cassazione.
Congiuran contro me con loschi patti   4
per fottermi, perché son comunisti.
Con Renzi e con Bersani, quatti quatti,
dettano legge ovunque. Io li ho visti !   7
Ho visto Franceschini ed Epifani
con D'Alema e Fassina, torvi e tristi,
dissimulati in ampi barracani,   10
che ragionavan di toglier le case
agli italiani e darle agli africani.
Le nostre proprietà saranno invase   13
dai rossi armati di falce e martello.
Ci voglion far pagar le tasse evase,
voglion che diventiamo lo zimbello   16
di chiunque pretende lo scontrino.
Il padrone di un misero castello,
o dell'umile Villa San Martino,   19
se paga l'Imu finirà in miseria,
a cacciar topi per uno spuntino.
Chi si ribella, finirà in Siberia,   22
a patire di freddo per il ghiaccio,
tremando in ogni vena e in ogni arteria.

---

[20] *Piangete Veneri e Cupidi ... è morto il passero della mia fanciulla* (Catullo, *Carmina*, I 3)

Ci ruberem l'un l'altro il castagnaccio,   25
raccoglieremo ortiche per la cena,
contenti se avrem preso un colombaccio
    che un po' ci allevi la fame e la pena   28
di dover dire *"I comunisti, o figli,*
ci han messo come i cani, alla catena;
    nelle carni ci infiggono gli artigli   31
da quando il nostro amato Berlusconi
non ci illumina più coi suoi consigli".
    Ma se finora siamo stati buoni,   34
io non permetterò che una sentenza
scritta da cinque vecchi parrucconi,
    fatti maestri di giurisprudenza   37
per aver fatto un giorno un compitino,
separi me con frode e prepotenza
    dagli italiani a cui mi unì il destino.   40
Chi tanto osa fa un colpo di stato,
anche se sono toghe d'ermellino !
    L'ho detto o no che sono un moderato ?   43
    (12 settembre 2013)

5.15   Il cavaliere impannellato

*Il 31 agosto 2013, Berlusconi – al quale la difesa del prof. Coppi non
è bastata a evitare la condanna in tribunale – firma per tutti i refe-
rendum radicali, compresi quelli – come lui stesso spiega – su cui non
è d'accordo. Accanto a Berlusconi, gongola Pannella, che la fama vuole
che sia l'ultima speranza per personaggi sul viale del tramonto (e per
questo detti "impannellati")*

    "Quel che Coppi non può, potrà Pannella"   1
sembra pensare e firma fogli e fogli,
sperando che firmando, la procella
    non spinga la sua barca sugli scogli.   4
    (28 settembre 2013)

5.16   Sallusti a Ballarò

*Il 2 agosto 2013 Berlusconi chiede le dimissioni di tutti i parlamentari
PdL. Il 28 settembre ordina le dimissioni dei ministri PdL: "I nostri
ministri – dice – non possono rendersi complici dell'aumento dell'Iva".
Letta chiede al Parlamento un voto di fiducia. Berlusconi ordina ai suoi
parlamentari di negare la fiducia, ma il segretario Alfano, i ministri PdL
e molti altri (tra i quali, Cicchitto, Quagliariello e Giovanardi) annun-
ciano che voteranno la fiducia. L'1 ottobre 2013, dallo studio di* Ballarò,
Sallusti – che ha Cicchitto a fianco – dichiara "Chi voterà la fiducia a
Letta è un traditore e un vigliacco". *Il giorno dopo anche Berlusconi
voterà la fiducia al governo*

"*Voi traditori...*" e dopo neanche un giorno   1
che spese ad imprecar come un ossesso
contro Cicchitto e chi gli stava intorno,
   il tradito alla fin tradì sé stesso.   4
   (*2 ottobre 2013*)

"*Voi traditori...*" e dopo neanche un giorno	1
che spese ad imprecar come un ossesso	
contro Cicchitto e chi gli stava intorno,	
il tradito alla fin tradì sé stesso.	4
(*2 ottobre 2013*)	

5.17   **La strategia del ragno**

V. Introduzione al brano 5.16, pag. 59

Capì ch'era cambiata la sua sorte	1
quando vide che senza Quagliariello,	
Alfano, Lupi e tutta la sua corte	
contava meno di un re travicello	4
deposto dalle rane dello stagno	
o di un caprone privato del vello.	
Nella sua tela finì preso il ragno.	7
(*2 ottobre 2013*)	

5.18   Parricidio

V. Introduzione al brano 5.16, pag. 59

Gli elettori forzisti alle lor poste   1
brindavano con vino e caldarroste.

Lasciavan tutti infatti il Parlamento   3
gli eletti lor festanti, a cento a cento,

per spezzare così l'iniquo patto   7
col quale si voleva dar lo sfratto

a Berlusconi, l'eletto, l'amato   9
dall'austero suo seggio del Senato.

Alle spose devote nei lor letti,   11
disse ognun già *"Non voglio che mi aspetti;*

non sai che curo le sorti d'Italia ?   13
un soldato son io di Forzaitalia !

Noi, senatori dai candidi manti   15
(veleno dietro, sorrisi davanti),

noi, deputati di Monte Citorio   17
lieti lasciamo il disiato ciborio".

Da tutti noi Berlusca ora si aspetta   19
che facciamo cadere Enrico Letta".

Disse Silvio ai ministri: *"A voi io detto* 21
che lasciate l'iniquo gabinetto.

Cada il governo ! A nuove elezioni !   23
Sapranno infin chi è Silvio Berlusconi !"

"Già lo sappiamo! – disse il fido Alfano, 25
forte stringendo a Cicchitto la mano –

Tu sei zavorra per questo partito.   27
Per questo, Silvio, ti dò il benservito.

Aggiungo col poeta: Non è accorto   29
perdere i vivi per salvare un morto[21]".

Angelino fu tanto convincente   31
che si aggregò a lui pure il perdente.

E Sallusti scoprì con sommo orrore   33
che pure Berlusconi è un traditore.

(4 ottobre 2013)

---

[21] *Frate, bisogna (Cloridan dicea) / gittar la soma, e dare opra ai calcagni; / che sarebbe pensier non troppo accorto / perder duo vivi per salvar un morto* (Orlando Furioso, XVIII, 189, 5,8)

5.19   Nitto Palma

Il senatore PdL Nitto Palma, già noto per l'acidità di molte sue dichiara-
zioni, partecipa il 27 Ottobre 2013 a una tavola rotonda con il procu-
ratore di Milano Bruti Liberati. Palma si indigna quando il procura-
tore parla di comportamenti anti istituzionali, leggendo in queste parole
un'allusione a Berlusconi

<table>
<tr><td>Nitto Palma ormai più non digerisce;</td><td>1</td></tr>
<tr><td>la bile gli trabocca dagli orecchi;</td><td></td></tr>
<tr><td>inghiotte amaro quando deglutisce;</td><td></td></tr>
<tr><td>gli puzza l'alito peggio che ai vecchi</td><td>4</td></tr>
<tr><td>caproni costipati. Velenosi</td><td></td></tr>
<tr><td>sguardi impotenti lancia anche agli specchi,</td><td></td></tr>
<tr><td>se gli occhi suoi intercetta rancorosi.</td><td>7</td></tr>
</table>

  (*Milano, 28 ottobre 2013*)

5.20   Nullità

V. Introduzione al brano 5.16, pag. 59

<table>
<tr><td>"Avanti tutti contro Enrico Letta !"</td><td>1</td></tr>
<tr><td>ma poi che l'ordine diè con clamore</td><td></td></tr>
<tr><td>si vide solo, sebbene Brunetta</td><td></td></tr>
<tr><td>e Nitto Palma, gonfi di livore</td><td>4</td></tr>
<tr><td>come pure Sallusti e Santanché</td><td></td></tr>
<tr><td>fosser con lui. Devi saper, lettore,</td><td></td></tr>
<tr><td>che ognun di quelli che aveva con sé</td><td>7</td></tr>
<tr><td>era nessuno mischiato con niente.</td><td></td></tr>
<tr><td>Ne consegue – la cosa va da sé –</td><td></td></tr>
<tr><td>ch'egli era solo, pur fra tanta gente.</td><td>10</td></tr>
</table>

  (*Milano, 30 ottobre 2013*)

5.21   Gli amici

<table>
<tr><td>Se pensi che Berlusca tutto il giorno</td><td>1</td></tr>
<tr><td>sta con Brunetta o con la Santanché</td><td></td></tr>
<tr><td>o Nitto Palma o con La Russa attorno</td><td></td></tr>
</table>

o con Gasparri, che peggio non c'è,   4
sarebbe da compianger, forse dici,
ma ognuno sta con chiunque è pari a sé.
    Chi sia l'uomo, lo svelano gli amici.   7
    (*Milano, 30 ottobre 2013*)

5.22   In morte di Priebke

*L'11 ottobre 2013 muore a Roma Erich Priebke, poco dopo avere com-
piuto 100 anni. Scontava l'ergastolo agli arresti domiciliari. Da capitano
delle SS agli ordini di Kappler, aveva interrogato e torturato molti parti-
giani nella sede romana di via Tasso e aveva organizzato la strage delle
Cave Ardeatine, dove 335 italiani furono uccisi per rappresaglia all'at-
tentato di via Rasella; qui, partigiani dei Gruppi di Azione Patriottica
avevano causato la morte di 33 militari tedeschi*

    Caino stava a rosolarsi al fuoco   1
che bruciava nel fondo dell'inferno,
con Satana vicino a far da cuoco,
    che gli diceva ghignando, per scherno: 4
*"Io ti voglio ben cotto tutto quanto,
dovessi lavorare un tempo eterno.*
    Non ho fretta, lo sai ! Tempo, ne ho tanto !"   7
Gli ficcava nel corpo una forchetta
per scusarsene dopo, tutto affranto:
    "Ti ho fatto male ? Scusa ! Che disdetta!   10
Ma devo controllare la cottura.
Sei fortunato, sai ? Senza ceretta
    ti han depilato il fuoco e la calura !"   13
Da seimila anni ormai andava avanti
senza una tregua mai, questa tortura.
    Davanti a loro passavan mercanti   16
di armi, di droga, perfidi assassini,
mafiosi, pidduisti... *"Avanti, avanti*
    – urlava Satana – *mettetevi vicini*   19
ai trafficanti d'uomini, ai corrotti.
Tu, Barbariccia, accogli gli inquilini.
    Ne voglio un po' arrostiti e un po' stracotti !   22
Mentre cucino il peggio che ci sia,

tu, *Malacoda, fammi gli agnolotti*
  in sugo di dannato e malvasia !" 25
Mentre parlava, un annuncio mortuario
interruppe il discorso: dalla via
  era giunto un nazista centenario, 28
ben conosciuto a Roma, sia a via Tasso
che alle Cave; non un ordinario
  dannato come tanti, che al trapasso 31
c'è sempre chi è disposto a dirne bene,
ma uno che non trovi un contrappasso
  adatto a lui, né trovi giuste pene 34
che sian proporzionate ai suoi delitti.
Satana lo fissò: *"Non mi sovviene..."*
  Lasciò a metà i suoi bolliti e i fritti 37
per consultare l'album segnaletico;
quindi, con gli occhi inumiditi e afflitti,
  lette le norme del codice etico 40
che governa la vita di quel regno,
si dimise col dir: *"Se non farnetico,*
  qui c'è un demonio ormai, di me più degno 43
di essere il capo di tutti i demoni".
A Priebke si inchinò ed a quel segno
  tutto l'inferno cadde ginocchioni. 46
  (*14 ottobre 2013*)

5.23   In morte di Priebke – II

  Quando Priebke morì, non se ne accorse 1
né lo capì nessuno: era già morto
fin da quando era vivo. Il sole sorse
  tre volte su lui morto, e dopo sorto 4
tante volte fu visto tramontare
finché il fetore non fece ognuno accorto
  che il morto era già pronto da interrare. 7
  (*16 ottobre 2013*)

5.24   I morti di Lampedusa

Il 3 ottobre 2013, presso Lampedusa affonda un barcone carico di migranti. Saranno recuperati 366 cadaveri. Tra questi, quelli di una donna e del suo bambino appena partorito, ancora congiunti dal cordone ombelicale. Qualcuno promette funerali di stato, che non saranno mai celebrati

Piansero tutti: pianse Enrico Letta,   1
che portava il cordoglio del governo
per chi non giunse vivo all'isoletta.
    Con Alfano, ministro dell'interno,   4
pianser Boldrini, Barroso, pianser tutti
implorando col vescovo l'Eterno.
    Poi che gli occhi di ognun tornar asciutti,   7
ognuno ritornò là donde venne,
pronto a tornar per piangere altri lutti.
    Trecento bare l'isola ritenne   10
che senza funerali e senza Messe
furon sepolte poi, dove convenne.
    In una d'esse, due salme fur messe.   13
      (*21 ottobre 2013*)

5.25   Le ragioni di un ministro forzitaliota spiegate a Berlusconi

Al profilarsi della decadenza da senatore, a seguito della conferma della condanna per frode fiscale, Berlusconi ordina ai suoi di sfiduciare il governo; deve scontrarsi però con l'inaspettata resistenza dei ministri del suo partito. Non possiamo far dipendere la fiducia al governo – *essi dicono* – dalle vicende personali di Berlusconi; se uscissimo dal governo, gli italiani non capirebbero

Sfiduciare il governo ? Che diranno   1
gli italiani, coi quali abbiam l'impegno
di governare ancora almeno un anno,
    finché non si vedrà ben chiaro un segno   4
che ci lasciam dietro le spalle il dramma
di questa crisi ? Per darti sostegno,

io, lasciare il governo ? La mia mamma,   7
che gioisce di ogni mio successo,
ne avrebbe pena ! Nell'organigramma
    di *Forza Italia*, o quel che è il nome adesso,   10
non mi mettere allora, per piacere !
Ho pure il mutuo, i figli... e poi, ammesso
    ch'io mi dimetta, ma quale mestiere   13
devo inventarmi se lascio ? Davvero
vorresti questo ? Ma fammi il piacere !
    Dove lo trovo un altro ministero ?   16
        (*21 novembre 2013*)

5.26   Un incubo di Berlusconi

*Dopo essere stato condannato per frode fiscale, davvero Berlusconi subirà
fronto di essere cacciato dal Senato ?*

    Fece un'altra tirata contro i rossi,   1
lo sguardo altero da vecchio pirata
che non teme tempesta che si ingrossi,
    l'ampia calotta cranica pittata   4
di neri unguenti a simulare il crine,
sulla sua faccia, ogni ruga appianata
    col bisturi e con molte medicine.   7
Quindi rivendicò: *"Io, per servizio
sono sceso in politica, col fine
    di servire il paese, non per sfizio   10
o per protegger gli interessi miei
o per non esser portato in giudizio !"*.
    Aveva ai lati scribi e farisei   13
che annuivan commossi: *È vero, è vero !*
stretti a lui come tanti zebedei,
    quando comparve un diavolaccio nero,   16
irto e peloso, un forchettone in mano
e un par di corna in testa per cimiero,
    nero – ma nero ! – come se un vulcano   19
l'avesse tutto quanto affumicato;
tossicchiò alquanto, scatarrò lontano,
    volse lo sguardo intorno un po' irritato   22

per non poter celare qualche acciacco,
cercò un foglio – era tutto spiegazzato,
   sotto altra roba, nel fondo di un sacco –   25
e poi che l'ebbe aperto e ben lisciato,
lesse: *"Berlusca, detto* Doppio tacco,
   vengo a cacciarti fuori del senato".   28
     (*27 novembre 2013*)

5.27   Domanda di grazia

   Napolitano indisse una riunione   1
dei suoi più acuti e fidi consiglieri
per conoscer la loro opinïone
   su di un caso successo appena ieri.   4
"Se un condannato mi chiede la grazia,
disse re Giorgio, fra due corazzieri,
   eppur, con tracotanza e malagrazia   7
dice che non la chiede, l'ha richiesta ?
Voi che ne dite ? Il Quirinal ringrazia".
   Fra quei saggi, qualcun scosse la testa.   10
Nessuno più da tempo si stupiva
a sentir Silvio che oggi contesta
   ciò che ciascun – detto da lui ! – sentiva   13
appena il giorno prima; ma stavolta
l'impresa è tal che nessuno ci arriva;
   dire cioè, una cosa tanto stolta   16
da smentirsi nel dirla, poiché dice
che chiede e che non chiede in una volta,
   qual dissociato che dice e disdice.   19
     (*25 novembre 2013*)

5.28   Domanda di grazia – II

   "Dammi la grazia senza mia richiesta !"   1
così Berlusca urlò a Napolitano.
Poich'ebbe un poco ponderato questa
   supplica, tra le grida ed il baccano,   4
scrisse Napolitano, immantinente:
"Così la grazia mi si chiede invano

per la contraddizion che no'l consente".   7
   (*24 novembre 2013*)

5.29   Sallusti

Gelide, di Sallusti fremon l'ossa;   1
morto diventa tutto ciò che tocca.
Ogni notte si leva dalla fossa
   quando la mezzanotte in punto scocca.   4
Di fiele ha gli occhi, fuori della testa,
Verde gli cola bava dalla bocca.
   Fuggi, se appare e l'animo ti resta !   7
   (*26 novembre 2013*)

5.30   Berlusconi espulso dal Senato

Il 27 novembre 2013, Il Senato vota la decadenza di Berlusconi dalla carica di senatore, a seguito della sentenza di condanna inflittagli per frode fiscale e confermata in Cassazione

Ma quel ch'è peggio e più gli brucia in petto   1
non fu l'essere espulso dal Senato
bensì – sebbene lui non l'abbia detto –
che chi lo espulse era un magistrato[22].
   (*29 novembre 2013*)

5.31   Decadenza e coerenza

V. Introduzione al brano 5.16, pag. 59

Ma dopo che fu espulso dal senato   1
non ci fu chi notasse la sua assenza.
Solo una volta infatti c'era entrato;
   fu quando, per sventar la decadenza,   4
contro il governo agitò la sfiducia

---

[22] Il presidente del Senato Piero Grasso, al quale spetta di comunicare l'esito della votazione sulla decadenza di Berlusconi, è stato giudice *a latere* nel primo maxi-processo alla mafia e successivamente procuratore nazionale anti-mafia

e l'agitò con tanta coerenza,
    che finì col votare la fiducia.   7
      (*3 dicembre 2013*)

Capitolo 6

Intermezzo galileiano

6.1 All'Inferno con Feyerabend, Cammilleri e Messori

Introduzione

Nel mezzo di un meriggio solatìo,   1
grave delle fatiche della mensa
e dei doni di Bacco, avvenne ch'io,
come chi vede farsi ognor più densa   4
la nebbia intorno a sé, che poi l'abbraccia
e il mondo cela, dolce ricompensa
alle fatiche mie, intra le braccia   7
prendevo di Morfeo, che il mondo esclude,
porta la pace e gli affanni discaccia.
Mi vidi allora in mezzo a genti ignude,   10
dal caldo oppresse ed anelanti al fresco,
quali in agosto ogni lido racchiude;
uomini vidi dal vello faunesco   13
sull'epa pingue e i fianchi strabordanti,
ché indulser troppo a ben fornito desco;
grondavano sudor, mentre ansimanti   16
vedean intorno, flaccide e pendenti,
fluttuar le carni di laide bagnanti.
Torpidi i sensi, gli occhi tristi e spenti,   19
l'orecchio offeso da strazi sonori,
stavan ignavi, disfatti ed assenti.
"Di qua i dannati, là i visitatori"   22
prese a urlare un demonio, ond'io mi volsi

dove ordinava il re dei peccatori.

   Com'io l'orror del loco meglio colsi,   25
così – misero lasso ! – mi riscossi,
onde lo sguardo mio di là distolsi.

   Genti vid'io, quasi ancora fossi   28
alla segreteria di Facoltà,
quando congestionati, enfiati e rossi

   volti vedevo, calda umanità   31
di afrori generosa, altovociante
che premeva su me senza pietà,

   finché giungevo esausto, agonizzante   34
allo sportello. *Ahimé lasso ove giunsi !*
dissi tra me, cangiando di sembiante.

   A lentissimi passi, infin raggiunsi   37
l'ufficio informazioni di quel regno,
e là le voglie mie così riassunsi:

   "Antonino Zichichi, che è sì degno,   40
Antonio Socci, Vittorio Messori
e Rino Cammilleri, che l'ingegno,

   ancorché scarso, usar col petto in fuori   43
e con malo cipiglio verso ognuno
degno dei clericali lor furori,

   dite ove sono, ch'almeno qualcuno   46
di lor parli con me di Galileo
e dichi il vero a me, ond'io digiuno".

   "Sei dunque tu cotanto zebedeo"   49
disse il demonio a cui m'ero rivolto,
"che il vero chiedi a un degno fariseo ?

   Bugiardo è ognun di quei il cui nome ascolto.   52
La bolgia ove tu sei di frodi è l'arca.
Ognun che tu nomasti è qui sepolto.

Feyerabend

   L'infernale magione qui s'incarca   55
di quel ch'oltralpe nacque, in Osterlicch,
Feyerabend io dico, onde la barca

   del nocchiero infernal s'udì far "cricch"   58
ché l'egotica sua ipertrofia
l'aggravò più che il monte Tambernicch.

Fisico fu, pien di filosofia   61
e tante cose seppe ed insegnò.
Ma gli diede gran fama la bugia
  che contro Galileo propalò[1].   64
Un prelato tedesco, succeduto
a quel che Galileo censurò[2],
  porse ascolto al suo dire, compiaciuto   67
ch'alcun parlasse ben del Santo Uffizio.
Gaudium magnum *lo invase, ché creduto*
  mai non avria di sentire un giudizio   70
– dato da un fisico ! – così stravagante,
da doversi richiudere in ospizio
  tra i più insani frenetici: "Durante   73
il giusto e ragionevole processo
instrutto a Galileo, recusante
  di stare a Bellarmino sottomesso,   76
non fu fatto alcun torto alla ragione.
A ragion voller veder genuflesso
  l'audace autor di tanta rebellione,   79
i padri della Chiesa eminentissimi,
che ebbero a cuor la fede e la ragione".

  Altro miele l'ostreco nei piissimi   82
auditivi condotti al cardinale
versò, lodando Chiesa, che amarissimi
  frutti di genere etico e sociale   85
seppe veder nell'empia pretenzione,
contraddicente il santo tribunale,
  che, dell'infida fidando ragione,   88
e osservando natura, ogni persona
filosofasse a propria discrezione.
  Amor ch'a nullo amato amar perdona   91
fè che il todisco il fisico riamasse,
(e tanto amor ancor non l'abbandona),
  e che pubblicamente lo citasse   94

---

[1] Nel suo libro *Contro il metodo*, Feyerabend scrive: *"All'epoca di Galileo, la Chiesa rimase molto più fedele alla ragione dello stesso Galileo e prese in considerazione anche le conseguenze etiche e sociali della dottrina di Galilei. Il suo processo storico contro Galilei era razionale e giusto".* Il 15 marzo 1990, il cardinale Ratzinger citò senza commento questo pensiero di Feyerabend.

[2] Il cardinale tedesco Ratzinger, in quanto prefetto della Congregazione per la Dottrina della Fede (già *Santo Uffizio*), è stato un successore del card. Bellarmino; quest'ultimo ammonì Galileo a non insegnare la dottrina copernicana

riconoscendo in lui l'atteso ultore
di quante piaghe Chiesa sopportasse
  poiché punì il galileian furore.   97

Rino Cammilleri

Alcun sapiente nostro ambì abbracciare
il ruolo d'italo epitomatore
  di quell'illuminato argomentare,   100
poiché, per sommo gaudio, parve giunto
presso alla fine il tempo conciliare:
  or, dai canoni sacri, presto espunto   103
saria stato ogni apice diverso
da ogni asserto che in Sillabo è congiunto[3].

  "Impresa folle è studiar l'universo !"   106
proclamò Cammilleri. "Se da oriente
il Sole nasce, o fa cammin diverso,
  cosa cambia per noi ? Non cambia niente[4].   109
L'ordin dei cieli cangiare, a chi giova ?
Ahi Galileo, che tramasti con gente
  come te empia, e con lor tutti, a pruova,   112
insegnasti che il Sole giace immoto
quasi che fosse religione nuova *!"*

  E dietro Cammilleri, altro devoto   115
ed altro ancor si aggiunse dimostrando,
con l'unanime lor sentito voto,
  ch'ogni sentenza di quel venerando   118
tribunale del santissimo offizio,
merita sommo onore, perché quando
  alcuno osa pensare a suo giudizio,   121
superbia è questa, alla moral molesta,
che al vero bene porta pregiudizio.

Vittorio Messori

  Ed ecco verso noi voltar la testa   124
vidi un sapiente; Vittorio Messori

---

[3] Alcuni intellettuali ostili al riconoscimento delle colpe della Chiesa voluto da papa Wojtila hanno riesumato vecchi argomenti della apologetica preconciliare. Rino Cammilleri (Agrigento, 1950) ha preteso di ribaltare su Galileo la responsabilità della sua condanna; è autore di opere quali *La vera storia dell'inquisizione, Piccolo manuale di Apologetica, Elogio del Sillabo*

[4] *"Cambiava qualcosa nella nostra vita se era il sole a girare attorno alla terra? No"* (Cammilleri; *Fogli*, n. 90, Anno XI, settembre 1984)

la voce al coro dei dannati presta:

"Cessino, i laici, gli empi lor furori,   127
ché celebrare io voglio la saggezza
di quei sapienti, santi inquisitori.

Al salace pisan, lor compostezza   130
s'oppose come luce alle tenèbre,
all'audacia del primo, lor mitezza

la cui fama raggiunse le latebre   133
dell'ospizio pietoso, che Giordano[5]
ospitò insino al dì per lui funèbre.

Paternamente, col Vangelo in mano   136
lo supplicar quei savi, ch'ei non desse
credito alcun a quel copernicano

schema del mondo; ch'ei retrocedesse   139
dal suo cammin oltracotato ed empio,
che maggior lutto a Chiesa non venesse,

che già patì il suo poter fatto scempio   142
da che in Almagna fu chi osò affermare
che simonia estrusse a Pietro il tempio[6].

Di quei giudici ancora è da lodare   145
l'immacolata, onrata nominanza,
ché ciascun d'essi a Galileo fu pare[7]

per scientifici merti, oppur l'avanza.   148
Si lodi di ognun d'essi ancor prudenza,
zelo di vero ben, somma osservanza

pei papali precetti, l'avvertenza   151
onde stilaro, a stretta maggioranza,
la lor veneratissima sentenza.

Di Galileo l'audace arroganza   154
ricambiar con la lor benevolenza,
che più abbondò ch'ei n'avesse speranza,

onde da lui mertar riconoscenza".   157
Piacque talmente a tutta l'adunanza
sentir parlare con tanta eloquenza,

che – secondo la loro costumanza –   160

---

[5] Il tribunale che nel 1633 processò Galileo aveva mandato al rogo Giordano Bruno nel 1600

[6] Tra i motivi che spinsero Martin Luther a intraprendere quella che sarà la *Riforma*, c'era la pretesa di Roma di finanziare la costruzione della basilica di S. Pietro mediante la vendita delle indulgenze

[7] *"tra i giudici che condannarono Galileo, c'erano uomini di scienza non inferiore alla sua"* (V. Messori) `http://christusveritas.altervista.org/Galileo_Galilei1.htm`

produsse ognun sonora flatulenza
a mo' d'assenso, senza temperanza,
    che dagl'inferi uscì la graveolenza   163
(e nelle nari mie tiene ancor stanza),
per quanto oprò ciascun con efficienza.
    E questo, ai merti di Messori avanza.   166
        (*15 ottobre 2010*)

6.2   Tutto Zichichi

    Contro l'empia cultura dominante,   1
che vuol la Chiesa nemica alla scienza,
viene pugnace un cavaliere errante
    che macchia mai non ebbe né temenza: 4
il sagace ericin che in mille scritti,
con arroganza mista a incompetenza,
    e gli occhi al vero bene sempre fitti   7
– ieri Andreotti, oggi Berlusconi –
alternando gli encomi ai loro editti
    con sermoni a tentoni e zoppiconi,   10
ha dimostrato che solo i cristiani
posson far scienza (gli altri son coglioni)[8].

Dobbiamo alla cultura cristiana l'esistenza della Scienza
    Mai fecer scienza greci oppur pagani,   13
né popoli di ogni altra civiltà,
né vi fu scienza presso i musulmani.
    Questa provocatoria verità   16
non piace alla cultura dominante,
ricettacolo di ogni iniquità[9],
    vasello di menzogne; fra le tante,   19
c'è pure che la Chiesa si opponesse
a Galilei; lo dicon nonostante,

---

[8] "I pensatori dell'Era pre-galileiana avevano cercato invano le verità fondamentali senza riuscire a trovarne nemmeno una ... Galilei è il più grande pensatore di tutti i tempi e di tutte le civiltà in quanto è riuscito a tagliare il traguardo. A questo traguardo, senza precedenti nella storia del pensiero, Galileo Galilei arriva, non per atto di Ragione e basta, bensì per atto di Fede nel Creatore che lascia le Sue impronte nella materia 'volgare' " (da *Galilei divin uomo*, pag. 153)

[9] ... *"Raccontare la vita, le opere ... di Galileo Galilei come nessuno ha mai fatto ...: è lo scopo perseguito da Antonino Zichichi in questo libro provocatorio per il coraggio di spiegare verità taciute per secoli e secoli* (da *Galilei divin uomo*, 2ª di copertina)

come ognun sa, lo amasse e proteggesse[10],   22
sì che indulgenza plenaria gli offerse
in articulo mortis *per espresse*

volontà pontificie. Non sofferse   25
Galileo nel leggere l'abiura,
perché era chiaro – come lui scoperse –

che chi cerca le leggi di Natura   28
perde solo il suo tempo, in verità,
se si dedica a questa stolta cura[11]

di guardar stelle. Ma per carità !   31
Non serve a niente studiar l'universo[12].
Tener le luci accese è civiltà[13].

Credete a me, che mai il sonno ho perso   34
guardando stelle, e nelle mie nottate,
non curo mai se il cielo è cupo o è terso.

Tutti gli astronomi dicon minchiate;   37
lasciatemelo dir, che me ne intendo.

Se lo spazio è reale, il tempo è immaginario

Non sanno infatti che le trasformate
che scrisse Lorentz mostran che, se prendo   40
lo spaziotempo, lo spazio è reale

---

[10] *"Il fatto che Galilei sia stato combattuto dalla Chiesa non è vero, perché è stato combattuto dagli aristotelici di quei tempi. Tre cardinali* [sui dieci che componevano il collegio giudicante] *si rifiutarono di firmare la condanna, ma non lo dice nessuno"*; (dalla conferenza di Zichichi nella parrocchia di Piangipane (Ravenna), dell'11 maggio 2002). *I veri nemici di Galilei furono la Filosofia aristotelica e i fanatici dell'"ipse dixit", non la Chiesa né la Bibbia e il Suo Dio* (da *Galilei divin uomo*, p. 103)

[11] *"Le verità scientifiche di stampo galileiano hanno tre livelli di credibilità: il primo livello è proprio della fisica sperimentale (tratta fenomeni ripetibili e descrivibili con espressioni matematiche); il secondo è proprio dell'astronomia (descrive fenomeni sui quali non si può esercitare alcun controllo); il terzo è quello dei fenomeni che accadono una volta sola (es.: la formazione dell'universo)".* Sulla base di queste premesse, Z. conclude che *"Galilei, nel rinunciare a ciò che aveva scritto nel Dialogo sull'eliocentrismo, sapeva che c'era in gioco il secondo livello di credibilità scientifica, non il primo"* (da *Galilei divin uomo*, p. 143); *"Galilei è grande per essere il padre del primo livello di credibilità scientifica. G. ha scoperto un sacco di cose: le montagne della luna, le macchie solari, le fasi di Venere, i satelliti di Giove, gli anelli di Saturno. Ma non è questa la grandezza di G., perché l'astrofisica è scienza galileiana di secondo livello"* (dalla conferenza di Z. nella parrocchia di Piangipane (Ravenna); 11 maggio 2002)

[12] *"Galilei aveva capito che le leggi in grado di spiegare come è fatto il mondo non erano scritte nel cielo, ma qui nella materia a noi vicina; una pietra valeva più di tutte le stelle* (da *Galilei divin uomo*, p. 79.) *"Se oggi l'uomo può spedire sonde e robot su Marte il merito non è degli studi e delle ricerche di natura astronomica e astrofisica."* (da una intervista di Z. del febbraio 2004 a M. Michela Nicolais di *ToscanaOggi*)

[13] *"Se l'uomo si fosse fermato a contemplare lo spettacolo delle notti stellate, saremmo ancora all'età della pietra. La luce nelle città è indice di progresso"* (*Famiglia Cristiana*, 2001, n. 43)

ma il tempo è immaginario[14] *onde, in crescendo,*
un risultato vien fenomenale: 43
che v^2 [vi quadro] è sempre negativa
perché "v" non può mai esser reale. [15]

Un astronomo a tanto non ci arriva,   46
con la sua scienza al secondo livello,
ma chi mi segue ha questa aspettativa.

Per questo io dico ognor che mi ribello   49
a sentir dei satelliti di Giove,
delle macchie del Sole, dell'anello

che circonda Saturno senza prove   52
portate da qualcuno che li tocca
perché senza control, non mi si smuove:

la scienza che ne parla è tanto sciocca   55
che è cosa indegna della mia attenzione;
è niente più che vile filastrocca.

Ancora peggio è l'evoluzione.   58
Chi vuol che l'uomo sia stato generato
da scimmie urlanti, senza un'equazione

che lo dimostri, non è uno scienziato[16].   61
Si deve creder solo a ciò che è detto
per mezzo di equazioni. È dimostrato

che ciò che due persone fanno a letto   64
fa nascere bambini ? In fede mia,
io non ci credo ! Un'equazione aspetto !"

Epilogo
Forse è follia, se a tanta fantasia   67
dedichiam tempo – poich'alcun ne ha fatto
alta e solenne epistemologia –

---

[14] *"...fu Lorentz a scoprire che lo Spazio e il Tempo sono due quantità strettamente correlate in una miscela che deve essere complessa. E cioè, se lo Spazio è reale, il Tempo deve essere immaginario e viceversa"* (da *Galilei divin uomo*, p. 40)

[15] Dall'eccentrica interpretazione che Z. dà delle trasformazioni di Lorentz ("il tempo è immaginario") dovrebbero derivare conseguenze assurde, come la natura immaginaria della velocità (che è spazio diviso tempo); inoltre, il quadrato della velocità – e quindi l'energia cinetica – dovrebbe essere sempre negativo.

[16] *Le verità scientifiche di stampo galileiano hanno tre livelli di credibilità e l'evoluzione biologica della specie umana fu dall'inizio, è sempre stata, ed è ancora oggi sotto il minimo livello di credibilità scientifica"* ... Galilei insegna che, senza Matematica e senza esperimenti in grado di dare risultati riproducibili, non c'è Scienza. L'evoluzione biologica della specie umana non è descritta con equazioni basate su risultati rigorosi, ottenuti cioè con esperimenti riproducibili descritti da formule matematiche (da *Galilei divin uomo*, p. 218 e segg.)

noi, che saremo preda d'un monatto,   70
e che abbiamo di ciò certezza estrema,
ancorché prenderem lo scacco matto
    senza saper equazione o teorema.   73
        (*17 marzo 2012*)

6.3   Galileo

    ... Ogni fiata   1
che vide monti e valli sulla faccia
della donna ch'agl'inferi è onorata[17],
    vide che il Sole par che si compiaccia   4
di donarle ombre lunghe, quando appare
all'orizzonte di un luogo, e la traccia
    che segue in cielo, sin quando scompare,   7
s'oppone sempre alla traccia dell'ombra
ch'alcuna vetta gitta[18] ed anzi appare
    la faccia di Selene tutta sgombra   10
d'oscurità, se il Sol s'oppone a Luna,
e tonda è lei per noi, che siamo in ombra[19].
    E come aguzza gli occhi nella cruna   13
vecchio sartor[20], così nel suo strumento
mirando Giove, vide più di una
    stella seguirlo nel suo movimento   16
lungo l'eclittico cerchio, librando
ver ponente o levante, onde argomento
    n'ebbe per dir che stessero rotando   19
intorno a Giove, e in Giove lui vedesse
un altro Sole e altri pianeti; e quando
    lo sguardo volse a Venere, le stesse   22
forme che Luna prende agli occhi nostri

---

[17] la Luna, identificata con Proserpina, sposa di Plutone (cfr. *Inf.* X, vv. 79-80)

[18] *Molte luminosità si estendono oltre i confini della luce e delle tenebre, e alcune particelle oscure si introducono nella parte illuminata ... Uno spettacolo simile abbiamo sulla Terra verso il sorgere del Sole quando vediamo le valli non ancora illuminate e splendenti i monti che le circondano dalla parte opposta al Sole: e come le ombre delle cavità terrestri di mano in mano che il Sole si innalza si fanno più piccole, così anche queste macchie lunari, al crescere della parte luminosa, perdono le tenebre* (Galileo; dal *Sidereus Nuncius*)

[19] La Luna è visibile nella fase di *Luna piena* quando si trova *in opposizione al Sole*, cioè quando – mediamente – il Sole è sotto il nostro orizzonte. Cfr. *Cinque volte racceso e tante casso / lo lume era da sotto della Luna...* (*Inf.* XXVI, vv. 130-131)

[20]Cfr. *Inf.* XV, 20-21

rivide in quella, quasi il Sol volesse,
di sua luce vestendola, che mostri
che a volgersi a lui intorno è vincolata,
che più non è mestier ch'altri il dimostri.
(*29 agosto 2010*)

Capitolo 7

Cronache del 2012

7.1 Sconcezza n. 1

> Canto il novello Alberto da Giussano   1
> che vendicò il padan popolo misto.
> Molto egli oprò con l'una e l'altra mano,
> molto patì, gemente, afflitto e tristo
> ché più si sforza, più lo sforzo è vano
> né gli vale invocar Madonna o Cristo:
> ciò che lo inorgoglì, flaccido e mollo
> nega alle voglie sue nuovo decollo.
> *Anche tu mi tradisci (ahi, duol novello !)*   9
> *dopo che a me donasti sì gran vanto ?*
> *Come Maroni a me ti fai rubello ?*
> Singhiozza il capitano, e rutti e pianto
> effonde, e con soave venticello
> agita l'aria, che chi gli sta a canto
> tùrasi il naso, poi fatto paonazzo
> avido d'aria fugge sul terrazzo.
> (*2 gennaio 2012*)

7.2 Sconcezza n. 2

> Ei fu. Ormai freddo, immobile   1
> è ciò che fu sì duro,
> ridotto a spoglia immemore
> quasi che rio bromuro
> l'onor gli volle togliere
> d'alzarsi fino al ciel.

Oh quante volte indocile
rimase ignavo e inerte,
onde ei le braccia sciolse
che al sen tenea conserte,
finché sconfitta, tremula,
cadde la stanca man !

Rivìdesi terribile
quando, snudato il braccio,
eroe fiero e invincibile,
colpiva l'avambraccio
con l'altra mano, a monito
di sua virilità.

Solo il suo dito medio
or drìzzasi superbo,
ché fiacco giace e languido
l'amato, arcano nerbo
né può l'attrezzo idraulico,
dono del cavalier,

quell'appendice pendula
rialzar mai più, mai più.
(*2 gennaio 2012*)

7.3   L'ira di Umberto

Di fronte al malcontento della base leghista per l'appoggio dato a Berlusconi, Bossi fa votare in favore dell'arresto del deputato PdL Papa (20 luglio 2011). Maroni annuncia voto favorevole alla richiesta di arresto per il deputato PdL Cosentino, accusato di contiguità con la camorra (9 gennaio 2012). Ma dopo una cena con Berlusconi, Bossi lascia liberi i suoi deputati di votare secondo coscienza (11 gennaio 2012). A Maroni giunge il divieto di Bossi di parlare in qualsiasi organo di partito.

Canto l'ira di Umberto da Giussano,
il gran guerrier che da Ponte di Legno
seguendo l'Oglio, scese fiero al piano
per liberare il cisalpino regno
dal terrone invasor napoletano.
Dall'alto del Carroccio, pien di sdegno,
l'annuncio diede che il gran giorno è sorto,

che il padano valor non è ancor morto.

    E poi che un cavaliere suo alleato   9
si mostrò indegno all'onorata impresa
(chiedeva a Umberto di fargli il bucato,
di portargli il carrello con la spesa,
di accompagnargli il cane giù nel prato,
di lavargli la macchina), a sorpresa
Umberto gli gridò, altero e fiero:
"Mai più con te, o vile cavaliero !

    Mai più con te, seppur mi inviti a cena,   17
seppur mi presti idraulici strumenti
per alleviar la mia segreta pena,
ché Umberto son ! Non uno dei serventi
usi a chinare avanti a te la schiena,
che un osso rende docili e contenti !"
Padania tutta un brivido percorse:
condottiero sì fier, nessun mai scorse !

    "Seppur mi inviti a cena", aveva detto,   25
ma il cavalier, che è cuoco assai sagace,
gli cucinò il suo piatto prediletto
per indurlo all'abbraccio della pace.
Gradì Umberto che disse: *"A quel che ho detto,*
va aggiunta una postilla: se vi piace,
seguite la coscienza, o voi leghisti.
Essa ci grida: Viva i camorristi !"

    Tutti san che il denaro non fa puzza,   33
anzi emana un odor che è assai gradito,
che i sensi rianima e la vista aguzza
e Umberto ne ebbe forze ed appetito.
Or, rinfrancato, di Maròn rintuzza
ogni affronto che avea legato al dito,
mentre la Lega cerca un salvatore
per liberarsi dal liberatore.
(*14 gennaio 2012*)

7.4 Lamento del notaio

*Il governo Monti annuncia la liberalizzazione dell'accesso a varie cate-
gorie lavorative (tassisti, farmacisti, notai). I notai protestano*

Detta a destra un contratto di acquisto, 1
detta a manca le altrui volontà.
Per lo studio, un fragore commisto
di stampanti, di voci c'è già.
Quinci vien la fedel segretaria,
quindi va l'impiegato zelante.
Senti ovunque vibrare per l'aria
la sua voce su ogni altra imperante.
A lui intorno, i devoti assistenti 9
collazionan compunti i suoi atti.
Accatastano qui i testamenti,
là riscrivon postille ai contratti.
Uno fa le visure al catasto,
mentre l'altro compulsa gazzette.
Non sia mai che il pensiero di un pasto
li distolga da leggi e pandette.
Ma in un giorno d'inverno, il notaro 17
fu sorpreso ad effondere gemiti
e un lamento infrenabile e amaro:
"Ahi, mi tolgono stipule e rogiti,
che per vivere appena mi danno
cinquecento biglietti da mille,
qual mercede al lavoro di un anno,
sola luce alle fosche pupille.
I novelli notari, voraci 25
quali stormi di corvi o avvoltoi,
i clienti mi strappan rapaci,
fanno a gara a chi primo mi scuoi.
La perfidia di chi ci governa
vuol ridurmi alla nera miseria,
vuol ch'io svenda la casa paterna,
che mi tagli una vena o un'arteria.
Io che nacqui dai lombi magnanimi 33
di notari di antico lignaggio,

già antivedo le spoglie mie esanimi
fatte preda di vil sciacallaggio.
La parcella, che già fu mio vanto
sarà adesso dei nuovi notari.
Con le poche mie case soltanto,
vivrò, grazie ai miei cento affittuari".
(26 gennaio 2012)

7.5   Lamento del farmacista

Anche i farmacisti protestano per l'annunciata liberalizzazione dell'accesso alla professione di farmacista (cfr. brano 7.4, pag. 82)

Dietro un misero bancone   1
sospirava un farmacista:
"Cosa avranno a colazione
i miei figli ? Ahi sorte trista !
    Cosa avranno a pranzo e cena   5
sulla povera lor tavola ?
Basterà alla loro pena
ch'io gli conti un'altra favola ?
    Dovrò dirgli: Amati figli,   9
la perfidia comunista
vuol che il fisco, con gli artigli
spogli l'umil farmacista.
    Vuol che pianga vostra madre   13
al pensier che la genìa
di chi nacque senza un padre
titolar di farmacia
    ora prenda la licenza,   17
metta sù una bella insegna
e vi porti via l'utenza
che il buon padre vi consegna.
    Ahi ! La morte già mi chiama.   21
A che vale lavorare ?
Se il governo ora ci affama,
a Cortina vado a sciare."
    (18 gennaio 2012)

7.6   Grillo, vorrei che tu, Bossi e Borghezio

*Anche Beppe Grillo, come un leghista DOC, non vuole che i bambini
nati in Italia, figli di stranieri, siano cittadini italiani*

<pre>
    Grillo, vorrei che tu, Bossi e Borghezio   1
e Calderoli, Salvini e Maroni,
con mutuo amore, senza alcuno screzio,
andaste tutti fuori dai coglioni,
    e Maria Stella con la Santanché   5
unisse a voi e a donna Mussolini
il buon incantatore, e già che c'è
non si scordasse Sgarbi e la Bernini,
    né Stracquadanio, Gasparri e Cicchitto,   9
né Rosy Mauro, quale presidente
dell'eletta assemblea dei naviganti
    e messi in un vascello, andaste dritto   12
dove volete, oriente od occidente,
purché spariste insieme tutti quanti.
        (1 febbraio 2012)
</pre>

7.7   Consigli di La Russa a un giovane avvocato

*Il 20 febbraio 2012, al Chiambretti show, Roberto Romagnano, neolau-
reato in legge chiede all'on. La Russa:* "Consiglierebbe anche a me di
fare l'esame di stato in Calabria, come suo figlio ?" – "Non mi risul-
ta, veramente non so dove ha sostenuto l'esame mio figlio", *risponde
La Russa, che aggiunge:* "Sei un maleducato. Ma che cazzo dici ?"
(http://www.youtube.com/watch?v=8TpU1NvmOr4)

<pre>
    Politico non solo, ma autorevole   1
cultor della più gran filosofia:
"Io so di non sapere", inconsapevole
    se il mondo sia reale o se non sia,   4
se ci ingannano i sensi, e se ogni cosa
non sia frutto di arcana magarìa,
    per dubbio cartesiano lui non osa   7
dir di saper ciò che saper non può.
Di Socrate lo spirto veglia e posa
    sopra di lui. Davver si laureò   10
</pre>

il figliol suo ? Davver si è abilitato ?
E per dare gli esami, dove andò ?

   Forse, seguendo la Gelmini, è andato   13
esule al Sud, in terra calabrese[1] ?
"Lo consiglia anche a me ?" gli ha domandato
   un giovane dottore milanese.   16
E quel maestro umile e sapiente,
 "Che cazzo dici ?" rispose cortese,
   di quello che tu dici io non so niente.   19
Mio figlio abilitato ? Come e quando ?
Tu sei maleducato e impertinente !
   Rispetta i vecchi fasci, specie quando   22
come facc'io, inconsapevolmente
come Scajola, andiamo mendicando
   il plauso del servo e del demente.   25
     (*22 febbraio 2012*)

7.8   Encomio di Stracquadanio

Il 18 febbraio 2012, l'on. Stracquadanio dichiara a Radio 24: "Chi guadagn
500 euro al mese è uno sfigato. Io ho sempre guadagnato di più perché
mi sono fatto il mazzo e per merito".
`http://www.youtube.com/watch?v=YO1Ui5E8_40`

   Credette lo scudier Gasparro Pancia   1
che non vi fosse alcun di lui più degno
di servir don Berlusca della Mancia.

   Ma Stracquadanio ha tanto fior d'ingegno   4
che al buon Gasparro ha tolto onore e grido,
poi che del suo valor diede gran segno.

   Lui, giovinetto appena fuor del nido   7
che infante lo nutrì, si fece il mazzo
mostrando a tutto quanto il mondo infido

   valor sì grande, che nel suo palazzo   10
don Berlusconi lo accolse ospitale
tra i servi suoi, che in gàrrulo codazzo

   tendono a gara al loro principale   13

---

[1] Maria Stella Gelmini, laureata in legge a Brescia, sostiene l'esame di abilitazione all'albo nel 2001 a Reggio Calabria

chi la pompetta marca Scapagnini,
chi le scarpe col tacco, chi il pitale.

   Tra quanti al capo stavan più vicini,   16
eccelse per il saggio suo consiglio:
"Ci vuole il 'metodo Boffo', con Fini"[2].

   E quando corse voce che un famiglio   19
del cavalier, mandato a comprar voti
pagò la casa a un tale, diè di piglio

   e proclamò al popol dei devoti   22
che pagar chi ti vota è giusto e onesto
fosse pur Razzi, fosse Scilipoti[3].

   Se una donna, per far carriera presto   25
in veste di ministra o deputata,
va per più letti, non è un mezzo, questo,

   per che Stracqua si turbi[4]: se ci è data   28
forma procace oppure intelligenza,
questa e quella deve essere sfruttata.

   Lui sfrutta quel che ha: la sua demenza,   31
che gli fa dir che chi non è sfigato
vive e guadagna bene, a sufficienza.

   Per questo il cavalier disarcionato   34
avrebbe in lui scudiero ancor più degno
di quello che da Fini ha ereditato[5].

   Forse, Gasparro con un po' d'impegno   37
può raggiungere ancora il suo rivale,
in questa nobile gara d'ingegno,

   che dà decoro e lustro al Carnevale.   40
     (21 febbraio 2012 - Martedì grasso)

---

[2] Il 31 luglio 2010, Stracquadanio invoca *la cura Boffo* per Fini. Tarquini, direttore dell'*Avvenire* succeduto a Boffo, descrive detta cura come *"una martellante campagna di menzogne come quella che il 28 agosto 2009 Il Giornale, appena tornato nelle mani di Feltri, scatenò contro Boffo"*

[3] Il 13 dicembre 2010, Stracquadanio dichiara: *"Anche se si fosse pagato loro il mutuo* [a Scilipoti e Razzi, per averne il voto] *non sarebbe un reato"*

[4] Stracquadanio: *Legittimo usare il proprio corpo se si vuole fare carriera politica* (Repubblica, 13.09.2010; Corriere della Sera, 13.09.2010)

[5] Berlusconi [il cavalier disarcionato] avrebbe in lui [in Stracquadanio] scudiero più degno di Gasparri; quest'ultimo, dopo essere stato un colonnello di Fini, ora lo è di Berlusconi

7.9   Berlusconi prescritto al processo Mills

Il 25 febbraio 2012, il tribunale di Milano dichiara prescritto il reato di corruzione in atti giudiziari imputato a Berlusconi. Anche per l'avv. Mills, già condannato per essersi fatto corrompere da Berlusconi, è scattata la prescrizione. Entrambi hanno beneficiato della anticipata prescrizione voluta dal governo Berlusconi.

Passata è la tempesta.
Già Gasparri fa festa, razzolando
tra vermicelli che affioran dal fango,
tra gli escrementi effusi
dai servi giubilanti,
da quelli un po' delusi,
dai tanti, tanti e tanti
che se lo sguardo giri
insin che al ciel si perda,
vedi, infelice naufrago,
che affondi nella merda.
    (*26 febbraio 2012*)

1

6

11

7.10   Avviso ai governanti

Il 7 marzo 2012, il segretario del Pdl Angelino Alfano dichiara al Tg5: "Stasera non andrò al vertice da Monti con Bersani e Casini perché non vogliamo parlare di Rai e di giustizia". *Cicchitto precisa:* "Abbiamo dato la fiducia a Monti perché intervenga sull'economia e non su Rai e giustizia. E la fiducia continuerà ad averla se si occuperà di questo"

Don Rodrigo ha mandato i suoi bravacci
per dare a Monti, da amico, un consiglio:
che non si allarghi troppo, non si sbracci,
    non dedichi l'austero suo cipiglio
a tutti i guai d'Italia; sono tanti
che fanno inestricabile groviglio.
    Prendi la Rai: san bene tutti quanti
che si tratta di un nido di serpenti.
La lasci stare, e non ne avrà rimpianti.
    O la giustizia: un altro mal di denti

1

4

7

10

che porta solo male a chi lo affronti.
Vorrebbe aver processi meno lenti
   e magari, le pene senza sconti   13
per chi corrompe e ruba per mestiere ?
Che non si affanni, il caro Mario Monti,
   ché ne potrebbe avere un dispiacere.   16
Tolga, invece, dal fuoco le castagne,
disinneschi, da esperto artificiere,
   tutte le bombe, tutte le magagne   19
che per ogni altro son solo una rogna;
su di sé prenda malcontento e lagne,
   sia lui per tutti il boia e la carogna,   22
in modo che fra un anno il sor Berlusca,
senza rossore in faccia né vergogna,
   vestita l'armatura al Sol corrusca,   25
con i coturni ai piedi, col cerone
che celi i segni di coscienza fusca
   sul volto suo di consumato istrione,   28
ritorni (così spera) tracotante
per guidare di nuovo la nazione,
   dicendo agli italiani, giubilante   31
"Popolo mio, lo abbiamo sconfitto !"
Gli avran detto, un po' prima *"Grazie tante"*
   i bravi suoi, Angelino e Cicchitto,   34
mettendo in tasca il prezzo del servaggio,
mentre lui avrà tratto gran profitto
   da servi degni di ghiande e foraggio.   37
   (14 marzo 2012)

7.11   La trasformazione del divino Umberto in fallo

Nell'aprile 2012 scoppia lo scandalo della corruzione nella Lega: l'amministratore Belsito ha comprato lingotti d'oro e diamanti e ha coperto varie spese personali di Renzo Bossi, figlio di Umberto. Sopravviverà la Lega a questi scandali ? L'imperatore Claudio è ricordato da Seneca per essersi trasformato in zucca. Quale destino attende Bossi ?

La vescica è scoppiata; soverchiante
fu la pressione dell'infetto umore
che fetido schizzò, sovrabbondante

tanto quant'era gonfio quel turgore
che a lungo lo ritenne e poi l'espulse
spargendo puzza, vermi e disonore.

In fronte a ogni leghista il pus rifulse,
colando poi per la faccia ed il mento,
onde a leccarsi il muso ognuno indulse,

che l'ebbe ognuno per gran sacramento
vedendo in tal putredine presente
Umberto, fatto ai suoi vero alimento.

Come colava giù l'olio fluente,
giù per la barba, la barba di Aronne[6],
così su ognuno che fosse presente

colava il pus, copriva facce e gonne
delle padane virago leghiste,
le corna di ogni celtico, che insonne

viveva in preda a crisi priapiste;
colava per il grugno di Maroni
e sulle smanie sue secessioniste,

sul muso di Salvini e di Speroni
(giungendo a terra, puzzava di vino);
arrivò pure in faccia a Formigoni

che stava – inconsapevole – vicino,
sulla statua di Alberto da Giussano
che ebbe imbrattato l'elmo e lo spadino.

Intanto, sul Carroccio, il capitano
perdeva di volume e consistenza

1

4

7

10

13

16

19

22

25

28

---

[6] Cfr. Salmo 132: *Quanto è buono, quanto è dolce che i fratelli vivano insieme ! È come olio profumato sul capo, che scende sulla barba, sulla barba di Aronne ...*

simile a un otre, donde un uragano

   Eolo espelle, e poi che la sua essenza   31

fu sparsa ovunque, un'appendice molle,

da lungo tempo in stato di quiescenza,

   fu sua reliquia, alle padane folle.   34

     (*8 aprile 2012*)

7.12   Berlusconi si candida per il Quirinale

Il 25 maggio 2012, al processo che si celebra al tribunale di Milano per concussione e sfruttamento della prostituzione minorile a carico di Berlusconi, testimoniano il ragioniere Spinelli e la dominicana Marysthell Polanco. Il primo dichiara di avere consegnato alle ospiti di Berlusconi venti milioni in due anni; la seconda[7] narra che una sera, ad Arcore, lei si travestì da Ilda Boccassini e poi da Obama. Lo stesso giorno, Berlusconi si dice pronto a candidarsi per il Quirinale.

   Il ragioniere Giuseppe Spinelli   1

pagò per lui più di venti milioni,

poiché Berlusca trasformò in bordelli

   le sue dimore[8]. Gonfiato di ormoni,   4

di pilloline azzurre, di pompette,

sente che scoppia, ha un dolore ai coglioni

   che gli par d'impazzire, appena smette   7

di copulare quando, qualche giorno,

si ferma a sei scopate sole o sette[9].

   Gli pare, allor, di stare dentro un forno   10

per il fuoco che gli arde nella pancia,

onde a scopar fa subito ritorno.

   Quindi, zelante, il ragioniere sgancia   13

---

[7]Nel gennaio 2011, il convivente di Marysthell, R. De la Rosa, è condannato a 8 anni per droga: il 3 agosto 2010 era stato trovato con 108 grammi di cocaina nell'auto e 9 Kg nella casa che Berlusconi dava in uso a Marysthell. L'auto era di Nicole Minetti, che l'aveva lasciato a Marysthell. Di tutto ciò la Minetti viene informata per telefono da Barbara Faggioli, che le riferisce il consiglio avuto da Berlusconi: *"dice di far partire subito una denuncia per furto* [dell'auto]". Nel dicembre 2010, Marysthell chiama il prefetto di Milano a un numero riservato che le ha dato B., per problemi di passaporto. Il prefetto G.V. Lombardi si dichiara a sua disposizione e le porge i saluti per il presidente.

[8] V. nota 2 al brano 5.1, pag. 45

[9] Nel corso di una telefonata con Tarantini dell'1 gennaio 2009, Berlusconi dice: *"Ieri sera avevo la fila fuori della porta della camera . . . erano in undici . . . io me ne son fatte solo otto perché non potevo fare di più . . . non si può arrivare a tutto* (dagli atti dell'inchiesta sulle escort che la procura di Bari ha depositato il 19 luglio 2013)

buste su buste gonfie di contante,
che sono, alle odalische, lauta mancia.

    Sono intanto al lavoro tante e tante   16
altre persone a soddisfar le voglie
del gran sultano: c'è più di un mercante

    che le fanciulle per lui sceglie e coglie,   19
poi le consegna all'eunuco sapiente
che all'Olgettina, ospitale, le accoglie;

    un'igienista assiste il presidente   22
a scongiurare che per tanto sfizio,
scolo lo colga e lo lasci dolente.

    Ora vuol rendere ancora un servizio   25
Silvio Berlusca, al suo popolo amato,
come ha svelato all'ultimo comizio:

    "Popolo mio, poiché tu mi hai invocato,   28
ti avverto, senza giri di parole,
che mi candido a capo dello stato

    (cribbio, però so io quanto mi duole   31
farmi vedere in mezzo ai corazzieri;
dovrò farmi rialzare tacchi e suole).

    Mi vedrete in effigie dove ieri   34
vedevate i passati presidenti:
nelle caserme dei carabinieri,

    nelle scuole, dove gli studenti   37
mi avranno per modello. Avrò i questori
tutti compunti, tutti sull'attenti

    (meglio se genuflessi); pari onori   40
tributeranno a me tutti i prefetti,
piemme, giudici ed ambasciatori.

    Avrò il letto di Putin sotto i tetti   43
del Quirinale. Andrò, dai miei palazzi,
a quegli ampi saloni, benedetti

    dalle papali effigi, e tra gli arazzi   46
che hanno visto pontefici e sovrani,
là, con Gasparri, Scilipoti e Razzi,

    steso sul letto oppure sui divani,   49
vedrò danzare intorno a me discinte
le donne addotte a me dai miei ruffiani

    in scene da burlesque (o ancor più spinte),   52

alle mie feste allegre ed eleganti.
Mutandine di pizzo, ciglia finte,
*   camici da infermiera provocanti*   55
voglio vedermi intorno, e poliziotte
con la divisa aperta sul davanti;
*   voglio veder danzar le mie cocotte*   58
vestite come Ilda Boccassini
o come Obama, per tutta la notte.
*   Si aggiunga il Quirinale ai miei casini !"*   61
*   (28 maggio 2012)*

Capitolo 8

Cronache del 2011

8.1   La ricerca dei dieci transfughi

Dopo che il 7 novembre 2010 Fini ha annunciato l'uscita dalla maggioranza, Berlusconi inizia una campagna-acquisti di deputati che gli consentirà di recuperare la maggioranza dei voti in Parlamento

<table>
<tr><td>Ha sguinzagliato i suoi luogotenenti,</td><td>1</td></tr>
<tr><td>i faccendieri, servi, caporali,</td><td></td></tr>
<tr><td>mafiosi, pidduisti, malviventi</td><td></td></tr>
<tr><td>di ogni consorteria, i suoi sensali,</td><td>4</td></tr>
<tr><td>mercanti di galline e di caprini,</td><td></td></tr>
<tr><td>di Scilipoti, di Razzi e maiali.</td><td></td></tr>
<tr><td>Le sue troie son già fuor dei casini</td><td>7</td></tr>
<tr><td>per diffonder primizie di piaceri</td><td></td></tr>
<tr><td>tra gli avversari, i nemici, i vicini,</td><td></td></tr>
<tr><td>tra quanti non han scrupoli o pensieri</td><td>10</td></tr>
<tr><td>a cambiar credo, colore e casacca,</td><td></td></tr>
<tr><td>a rinnegar le cose dette ieri,</td><td></td></tr>
<tr><td>per una notte insieme a una baldracca</td><td>13</td></tr>
<tr><td>o per il mutuo della casa estinto,</td><td></td></tr>
<tr><td>mentre lui i voti ad uno ad uno insacca.</td><td></td></tr>
<tr><td>E se qualcuno ancor non si è convinto</td><td>16</td></tr>
<tr><td>con le buone maniere e le blandizie,</td><td></td></tr>
<tr><td>manda un maiale fuori del recinto</td><td></td></tr>
<tr><td>dove lo pasce tra sterco e immondizie</td><td>19</td></tr>
<tr><td>con piacer del palato e dell'olfatto,</td><td></td></tr>
<tr><td>che si produca in gesta escrementizie</td><td></td></tr>
<tr><td>come con Boffo e qualcun altro ha fatto.</td><td>22</td></tr>
</table>

In opulente vesti prelatizie,
i nuovi cardinali han fatto un patto
  insieme ad altri di antica canizie: 25
"Vogliam soldi per noi e niente tasse
(non interessan noi le tue amicizie),
  e i nostri voti avrai a mani basse".   28
(*6 gennaio 2011*)

8.2   Gesù bambino è morto in una piazza

Il 4 gennaio 2011, a Bologna, una telefonata al 118 chiede soccorso per un neonato in gravissime condizioni: i suoi genitori, dopo aver perso la casa in cui vivevano, sono stati visti spesso in Piazza Maggiore. Il bambino morirà poco dopo il ricovero

  Gesù bambino è morto in una piazza,   1
era a Bologna, era a Piazza Maggiore.
Lo aveva partorito una ragazza
  senza una grotta, una stalla, il calore   4
dell'alito di un bue sul suo bambino.
Non si mosse per lui nessun pastore.
  Babbo Natale evitò il suo camino   7
(forse, il frastuono un po' lo disorienta).
Nessuna stella ci mostrò il cammino
  che ci portasse a lui. L'abbiamo spenta.   10
(*10 gennaio 2011*)

8.3   Referendum a Mirafiori

Il 13 gennaio 2011 i lavoratori di Mirafiori vanno al referendum sul contratto di lavoro voluto da Sergio Marchionne. Il segretario Cgil Camusso sostiene le ragioni del No. *Marchionne replica:* Se dovesse arrivare un *No,* sposteremmo la produzione all'estero

  Regna a Torino un figlio del Re Sole,   1
o forse è meglio dir di Carlo quinto,
ché mai tramonta sul suo regno il Sole.
  Verso ponente, il regno suo si è spinto   4

oltre l'Atlantico, ov'è suo possesso
il Nuovo Mondo, conquistato e vinto.

Nelle steppe di Russia si è intromesso   7
dove splendeva il Sol dell'avvenire[1],
(sa bene ognuno quel che è poi successo).

Ora la *Hybris* tenta il grande sire: 10
"Si faccia come dico, o i cinquemila
di Mirafiori possono marcire".

Come il padrino di Coppola sfila   13
dalla fondina un'arma ed alla testa
d'altri la punta, finché quello in fila

tutte le firme mette e non contesta,   16
così Marchionne estorce col ricatto
ciò ch'egli vuole; tace la protesta.

Ma si rammenti di ciò ch'altri ha fatto: 19
il 14 luglio di un certo anno,
a Place Vendôme fu dato scacco matto

al figlio del Re Sole, per l'inganno,   22
per il grande e continuo latrocinio
che il popolo teneva in fame e affanno.

Muove da quegli eventi un vaticinio: 25
guai a chi l'ira del popol reprime
e crede, con minacce e lenocinio,

di averlo in pugno e lo umilia e lo opprime.   28
(*15 gennaio 2011*)

8.4 Alla Consulta risiede un collegio

La Corte Costituzionale dichiara illegittima la norma sul legittimo impedimento, che ha consentito a Berlusconi di ottenere la sospensione dei processi che lo vedono imputato

Alla Consulta risiede un collegio   1
di senza-Dio, di avanzi del passato,
che hanno in onore Stalin, e in dispregio

il miglior governante che mai il fato   4

---

[1] Nel 1966, il presidente della Fiat Vittorio Valletta firma a Mosca un contratto grazie al quale la Fiat inizia la produzione di auto in Unione Sovietica. Dal 2009 Marchionne, in qualità di amministratore delegato Fiat, ha avviato un'alleanza con l'americana Chrysler

dette all'Italia in centocinquanta anni.
Bondi sospira e geme desolato,
   col pianto misto a quel di Letta (Gianni).   7
Ciascun dei due affonda all'altro in petto
tutta la pena sua, tutti gli affanni.

   Piange del pianto lor pure l'appretto   10
onde spruzzate fur le lor camice,
cui si attaccò furtivo moccoletto.

   Piangon zuavi e guardie pontifice,   13
piangon magnacci, ladri e Scilipoti.
Con tanto pianto Orfeo pianse Euridice.

   Col codazzo luttoso dei devoti,   16
piange Bertone, piange Fisichella
piange Cicchitto con i suoi zeloti.

   Ahimè, non tornerà l'epoca bella   19
quand'era ogni problema un'emergenza[2]
(a Bertolaso il duol si rinnovella),

   quando era d'uopo agir con *somma urgenza*   22
per costruir palazzi, indir riunioni,
canonizzar beati e santi, senza

   cercar visti, rotture di coglioni,   25
gare d'appalto, offerte in busta chiusa ...
ma offrendo solo cene e colazioni

   tra chi sa bene al mondo come si usa,   28
e se qualcun sbirciava un po' da presso,
"segreto militare" era la scusa.

   Ora non puoi più fare un po' di sesso   31
che – ci scommetti ? – l'indoman mattina
c'è un magistrato chi ti fa un processo

   per una notte con la marocchina.   34
(*16 gennaio 2011*)

---

[2] Con Berlusconi, la Protezione Civile ha gestito il congresso del G8, eventi sportivi e perfino la canonizzazione di santi e beati, operando praticamente senza alcun controllo, come è previsto per i casi di *somma urgenza*

8.5   I turbamenti del cardinale Bertone

Il 20 gennaio 2011, il cardinale Bertone dichiara che la Santa Sede condivide il turbamento espresso dal capo dello stato per le accuse mosse al presidente del consiglio Berlusconi

In Vaticano, sconcerto e imbarazzo   1
serpeggian già fra gli austeri prelati
per quel che avviene in un altro palazzo.

   Appena un mese fa fur invitati   4
a condivider l'àgape fraterna
con Berlusconi, i nuovi porporati[3].

   Candido cuore avvien che non discerna   7
che perfidi occhi celino malizia;
così, come chi va senza lucerna

   o come pargoli in piena lor puerizia,   10
nella tana del lupo corruttore
entrarono con giubilo e letizia,

   senza tema d'inganni in fondo al cuore.   13
A ognun di quei pastori ingenui e santi
Silvio donò un Cristo Salvatore

   con devozione e gesti edificanti   16
onde quelli, con gran riconoscenza,
ricambiar con preghiere, salmi e canti.

   Vivon di mistica, santa esperienza,   19
questi degni pastor, senza tivvù
nè di stampa profana han conoscenza.

   Ora essi scopron, dopo un mese o più   22
di aver pranzato insieme a un corruttore
di fanciulline dai diciotto in giù.

   Sbianca in volto Bertone per l'orrore: 25
"Con chi spezzai il pane e bevvi il vino
a quella cena, con quel peccatore ?"

   Mangiasti con la fame di Ugolino,   28
con Berlusca, arcivescovo Bertone.
Cosa ti indusse a stargli sì vicino[4] ?

   Tu non provasti pena o compassione   31

---

[3] V. brano 9.14, pag. 156

[4] Cfr. *Inf.* XXXIII, vv. 13-15: Tu dei saper ch'i' fui conte Ugolino, / e questi è l'arcivescovo Ruggieri: / or ti dirò perché i' son tal vicino

per le fanciulle che eran suo sollazzo.
La voce lor non ti dette emozione,
    anzi spezzavi il pan senza imbarazzo   34
al desco di Epulone. In mezzo ai cani,
giaceva Lazzaro, fuori del palazzo.
    Preghin per te puttane e pubblicani.   37
(*19 gennaio 2011*)

8.6   Il "postribolo" di Gad Lerner

*"Sto vedendo una trasmissione disgustosa, una conduzione spregevole,
turpe, ripugnante. Avete offeso aldilà del possibile la signora Nicole
Minetti, che invece è una splendida persona intelligente, preparata, se-
ria, di madre lingua inglese. Vale molto di più delle cosiddette signore
presenti. Invito cordialmente l'onorevole Iva Zanicchi a venire via da
questo postribolo televisivo".* Così parlò il presidente Berlusconi a Gad
Lerner che conduceva *l'Infedele*, il 24 gennaio 2011.
`http://www.youtube.com/watch?v=i2pCmchmxaM&feature=related`

    Come a Bisanzio usavan i sultani,   1
c'è chi alleva fanciulle come armenti,
all'Olgettina, in harem multivani.
    Qui le condussero eunuchi sapienti   4
al padron loro, bavoso, ansimante,
sempre voglioso di giovani ardenti,
    che passa le sue notti ognor vegliante,   7
sdegnando le lusinghe di Morfeo,
ebbro di *Bunga-Bunga*, somigliante
    più ch'ei non creda ad un antropoideo   10
fauno in disarmo, vegliardo e cadente,
sovrano d'infelice gineceo.
    Ma un giorno, un conduttore indisponente   13
nel vecchio suscitò l'ira funesta,
ché non fu cortigiano riverente.
    Onde il satiro, offeso alza la cresta: 16
*"L'Infedele, Gad Lerner, è un postribolo !
Vada via la Zanicchi lesta lesta !"*
    Lerner qui fece faccia da patibolo,   19
ché a sentire i suoi ospiti insultati,

sembrò fachiro, su letto di tribolo:
   "Lei è un cafone !" Gad, ci hai ripagati   22
del veleno che c'era in quella voce;
a quanti lui ha lobotomizzati
   svelasti che un cafòn li ha messi in croce.   25
(*26 gennaio 2011*)

8.7   Schiamazzi notturni ad Arcore

   Ma via, ma che volete che sia stato ?   1
chiedeva a una di far l'infermiera,
a un'altra di vestirsi da soldato;
   voleva che portasser la visiera   4
come le poliziotte, le altre donne[5]
Ci giocava così tutta la sera
   e pur la notte, rimanendo insonne.   7
Un ragioniere[6] dopo, le pagava
cercando di sbirciar sotto le gonne.
   Se questo è tutto, cosa si aspettava   10
di trovar la procura di Milano ?
Certo, Apicella suonava e cantava,
   e forse il suono arrivava lontano.   13
Per qualche stronzo che non può dormire
si è fatto allora tutto 'sto baccano ?
   Povero Silvio, che deve patire !   16
   (*28 genaio 2011*)

8.8   Arringa di Paniz in Parlamento

Il 5 febbraio 2011, il deputato PdL Paniz sostiene in Parlamento che Berlusconi, convinto che Ruby fosse nipote di Mubarak, la fece liberare nell'interesse della nazione, per evitare problemi alle relazioni Italia-Egitto. `http://www.youtube.com/watch?v=Cph6azRvPm8`

   "Se prestò fede alla storia fasulla,   1
se vide per la Patria un gran periglio,

---

[5] Il 21 aprile 2012, Berlusconi dichiara: *"Ad Arcore i facevano solo gare di* burlesque, *una forma di spettacolo universalmente riconosciuta, in un'atmosfera di gioiosità e serenità".*

[6] V. Introduzione al brano 7.12, pag. 90

la colpa è tutta di quella fanciulla !
   Agì da presidente del consiglio,   4
nell'interesse sol della nazione !",
proclamò Paniz con fiero cipiglio,
   senza celare la sua commozione.   7
Come farebbe un vecchio pensionato
con la fissa del sesso (e un po' coglione)
   che da un'avventuriera vien truffato,   10
perché lei, con lusinghe fraudolenti,
lo ha adescato, eccitato e spogliato,
   così fu per il nostro. Che argomenti !   13
Di questa arringa, hai parlato ai tuoi figli ?
Ti han fatto pure i loro complimenti ?
   Non hai nessuno in casa che ti pigli   16
e che ti chieda come riesci a dire
tante assurde bugie ? Che nascondigli
   usi cercar per non starli a sentire ?   19
     (febbraio 2011)

8.9   Pannella offre il suo appoggio a Berlusconi

Il 1⁰ febbraio 2011, mentre il governo Berlusconi sopravvive con diffi-coltà per il ritiro di Fini dalla maggioranza, Pannella offre il suo ap-poggio al governo Berlusconi, evocando il ritorno allo spirito del '94

   Fervon le trattative nei bordelli;   1
non parlo di Arcore o Villa Certosa
o Palazzo Grazioli: a parte quelli,
   c'è ovunque gente assai desiderosa   4
di far di tutto, pur di entrare in scena,
come vecchia baldracca bisognosa.
   Pannella suona già la sua sirena   7
da salvatore del patrio governo,
vendendosi non già nel retroscena
   ma proclamando ben chiaro, all'esterno   10
dei sacrati palazzi, che si vende
ad equo prezzo a chi, con gioco alterno,
   ebbe avversario, e adesso gli si svende.   13
Che gran *rentrée* sarebbe per Pannella

essere quel da cui Silvio dipende,
   secondo il gusto con cui lui favella !   16
Sarebbe una *rentrée* da gran Narciso,
da gran puttana, oppur da Pulcinella
   (si chiede triste Gandhi, in Paradiso) ?   19
     (*9 febbraio 2011*)

8.10   Figlio, combatti contro i comunisti !

*"Tutti mi sconsigliavano di entrare in politica; mia madre mi disse di essere contrarissima '…*perché questo ti porterà un mare di guai. La sinistra, i giudici ne inventeranno di tutte. Ma fallo se senti il dovere, altrimenti non ti riconoscerei più per il figlio che io ho educato' " (Berlusconi, al congresso dei *"Cristiani Riformisti"*, il 26 febbraio 2011).

* "Figlio, combatti contro i comunisti !"*   1
disse la mamma a Silvio Berlusconi.
"A te si volgon, lagrimosi e tristi,
* con lamenti strazianti tutti i buoni*   4
e laboriosi padri di famiglia,
quando risuonan aspre le concioni
* di chi vorrebbe cuocere alla griglia*   7
gli infanti nostri con le nostre figlie".
"Lenisci il duolo, o madre, che ti piglia:
* Son io l'usbergo di tutte le figlie,*   10
specie se minorenni. Pingui assegni
donerò loro e alle lor famiglie,
* onde convien ch'a un ragionier[7] assegni*   13
l'ufficio di pagare per mio conto
chi farà lieti, ad Arcore, i convegni.
* Protettore sarò pugnace e pronto*   16
d'ogni fanciulla che a me si accompagni.
Nessuno ardisca fare a me l'affronto
* che da una cella a me giungano i lagni*   19
di chi avrà fatto con me Bunga-Bunga",
rispose Silvio, dagli occhi grifagni.
* Aggiunse poi: "Non chieder più che giunga*   22
l'ora mia, madre ! È giunta ! Per Occhetto,

---

[7] V. Introduzione al brano 7.12, pag. 90

che vuol fare d'Italia una prolunga
    del reame di Russia, ti prometto   25
che prima ancor che lui un bimbo mangi,
avrò mangiato lui. C'è un tal baffetto
    con cui convien, vedrai, che mi ci arrangi[8].   28
Si crede furbo, ma è già nel sacco.
Grazie a lui, avverrà che presto cangi
    la sorte mia, e se ebbi qualche smacco,   31
non mi vedrai dormire sotto i ponti,
o riscaldarmi al fuoco di un bivacco.

    Anzi, vedrai come sistemo i conti   34
delle mie imprese. A te, Confalonieri,
ecco i programmi miei, sono già pronti.

    Me li ha mandati Licio Gelli ieri[9].   37
Don Totò mi mandò pure un pizzino:
mi fa gli auguri devoti e sinceri
    e saluta Vittorio e Marcellino[10]".   40
Così Berlusca andò in Parlamento,
non potendo contar più su Bettino,
    e scansò la galera e il fallimento.   43
    (27 febbraio 2011)

8.11 Berlusconi e la scuola pubblica

Il 26 febbraio 2011, al congresso dei Cristiani Riformisti, Berlusconi dichiara "Educare i figli liberamente vuol dire non essere costretti a mandarli in una scuola di Stato, dove ci sono insegnanti che vogliono inculcare dei principi che sono il contrario di quelli che i genitori vogliono inculcare ai loro figli nella loro famiglia"

    Maestro venerabile, modello   1
di civili virtù, d'Italia vanto,
speme di chi, con lagrimoso appello

---

[8] Nel gennaio 1997, viene istituita una commissione parlamentare (la cosiddetta *bicamerale*) per proporre riforme alla Costituzione. Il suo presidente è il segretario dei *Democratici di Sinistra* D'Alema. Nel giugno del 1998, la bicamerale si scioglie quando Berlusconi, contraddicendo le posizioni che ha avuto fino quel momento, avanza la pretesa di introdurre il cancellierato.

[9] Berlusconi è stato iscritto con il n. 1816 alla loggia P2; Licio Gelli era *Maestro venerabile* della loggia. Con legge del gennaio 1982, la P2 fu sciolta. Una commissione parlamentare d'inchiesta concluse che la loggia era una "organizzazione criminale" ed "eversiva"

[10] Vittorio Mangano e Marcello Dell'Utri. V. nota 52 al brano 8.36, pag. 134

t'invocò nel veder scagliato il guanto   4
delle forze del mal di Achille Occhetto,
che – senza te – di ogni tempio santo
    avrebbe fatto ai suoi turpe ricetto,   7
tu ti opponesti all'empio, Berlusconi,
raccogliesti la sfida, fosti eletto,
    e stai ancora a rompere i coglioni   10
che hai salvato l'Italia da D'Alema,
da Franceschini, da Walter Veltroni,
    da Francesco Rutelli, con la crema   13
dei pidduisti, mafiosi e camorristi,
con chi si gloria d'aver per emblema
    una bandiera verde, coi fascisti   16
che il loro duce in te han ritrovato,
con i lenoni, da cui ti fornisti
    di carne fresca[11], con quanti hai comprato   19
offrendo soldi, offrendo appartamenti,
e un posto *in summa lista* assicurato,
    purché fosser per te docili armenti.   22
Che gran lezione, gran maestro, hai dato
che grande esempio alle giovani menti !
    Che gran maestro sei, tu che hai insegnato   25
a rinnegar le cose dette ieri
(tanto, chi ascolta ha già dimenticato),
    che convien, assai più ch'esser sinceri,   28
dir quel che piace a chi ci sta davanti:
fai il legalista fra i carabinieri,
    ma sei mandante di ladri e furfanti   31
e difendi, da istrione consumato,
i valori cristiani, offesi e infranti
    da chi insegna alla scuola dello stato,   34
pur di blandire vescovi e credenti.
Forse, hai parlato con qualche prelato
    che ti avrà detto: *"Le giovani menti*   37
vengon traviate alla scuola di stato.
Anzi, a voler parlar fuori dei denti,
    le nostre scuole non han più mercato".   40
Onde tu, pronto: *"Quello che si insegna*

---

[11] *Berlusconi* – ha dichiarato Iva Zanicchi a Radio Rai il 25 gennaio 2011 – *è un benefattore che ama la carne fresca.* V. http://www.youtube.com/watch?v=sRluhdJF748

nelle scuole mi lascia preoccupato;
   ne soffre ogni persona onesta e degna   43
perché la scuola è in mano ai comunisti,
che hanno i baffi di Stalin per insegna.
   Datemi i voti: farò un repulisti" !   46
   (7 marzo 2011)

8.12   Un ciarlatano a Lampedusa

Il 30 marzo 2011, Berlusconi promette ai lampedusani che in tre giorni allontanerà gli immigrati presenti nell'isola e impedirà ad altri di arrivare comprando le barche dei nordafricani. A garanzia del suo impegno, comunica che ha acquistato una casa a Lampedusa. Promette campi da golf, un casinò e il Nobel per la pace al comune di Lampedusa.
`http://www.youtube.com/watch?v=7OPTcTL9LRc`

   A Lampedusa è andato un ciarlatano   1
con scagnozzi, scudieri e caudatari,
a suonar trombe, a fare un gran baccano
   per vendere rimedi straordinari   4
per le emorroidi, la tenia, la gotta,
l'alopecia, le zecche dei somari.
   Ha un elisir che, offerto a una picciotta   7
che non voleva saperne di te,
dopo un sorso soltanto è già sedotta;
   lui l'ha provato con la Santanché   10
e lei che prima non voleva darla[12],
Adesso è tua – gli grida – *è sol per te !*
   Ma stiamo zitti: adesso forse parla.   13
. . .
   Venghino a questa macchina, signori,   14
che ci porto il progresso a tutti quanti.
I calli ai piedi vi danno dolori ?
   Col callifugo mio, non ci son santi !   17
Provatelo ! E ci dò pure in omaggio
sedici pentole piccole e granti.
   Avvicinatevi donne, coraggio !   20
Comprate il mio liquore ! Giovanotto,

---

[12] V. nota 1 al brano 9.2, pag. 142

lei mi è simpatico, ci offro un assaggio.
    Con questo, ci addiventa un giavillotto   23
l'organo principe, e tutte le donne
faran la gara a mettersi di sotto
    senza neppure togliersi le gonne.   26
Grazie a questo afrofisiaco col botto
io passo ad Arcore ogni notte insonne
    e ci dò pure i numeri del lotto,   29
così lei se li gioca e in tempo nienti
può dirci al principale "Me ne fotto
    di te che mi hai scassato i miei pendenti !   32
Io arricchii, grazie a Berlusconi
che ora ora arrivò dal continenti !".
    Ora ora accattai per due milioni   35
una casuzza per le mie vacanze:
modesto il prezzo e le sue dimensioni
    (cinque servizi e venticinque stanze)   38
perché anch'io sono ormai lampedusano.
Ora mando a comprar barche e paranze
    dei pescatori del lido africano.   41
Le voglio qui ! Con questa idea geniale,
non verrà più nessuno da lontano !
    Poi insieme andremo a pesca del caviale   44
perché anch'io, come voi, son pescatore.
E poi ci metto una cosa speciale:
    un casinò ! Per ogni giocatore   47
sarà questa la Mecca, ancor di più
che Las Vegas oppure Singapore !
    Mi voglio rovinare ! In soprappiù   50
vi dò un campo da golf, che io so bene
che è il vostro sogno da cent'anni e più.
    Per onorar infin come conviene   53
quest'isola ospitale, ora vedete
che Lampedusa grazie a me ottiene
    il Nobel per la pace ! Capirete,   56
se a Stoccolma corteggio la regina,
come un pesce finisce nella rete.
    E avrete il Nobel ! Tombola e cinquina !   59
      (4 aprile 2011)

8.13 Ruby e i Servizi Segreti

Il 27 maggio 2010 è arrestata a Milano una minorenne, frequentatrice della villa di Berlusconi ad Arcore. Berlusconi, avvertito da una prostituta brasiliana che lo ha chiamato a un suo numero privato, telefona in questura per chiedere che la giovane – nipote, secondo quanto lui dice, del presidente egiziano Mubarak – sia liberata e affidata al consigliere regionale Minetti. Così avviene. La Minetti affida la giovane alla brasiliana. Ai magistrati che lo mettono sotto inchiesta, Berlusconi dichiara che può giudicarlo solo il Tribunale dei Ministri, perché lui ha agito da uomo di governo, nell'interesse della nazione.

Una ragazza dalla pelle scura   1
dice: *"E' mio zio il raïs dell'Egitto"*
e Berlusconi prende per sicura
   questa notizia, resta zitto zitto,   4
non manda un capitano dei Servizi
a indagar su di lei. Vive in affitto,
   questa fanciulla, lucrando su vizi   7
che la rendono cara a Berlusconi.
Ma lui non trova in ciò stranezze o indizi
   che la fanciulla tratti da coglioni   10
lui, Lele Mora, Fede e tutti quanti.
Povero vecchio, ma ha pochi neuroni,
   che gli valgono un po' da attenuanti.   13
Poi la fanciulla, per un furtarello
va a finire in questura tra i furfanti.
   E Silvio cosa fa ? Lui sta bel bello   16
oltre confine, in missione di stato,
e non sa niente di questo bordello.
   Ma che Servizi da stato sminchiato   19
abbiam, se occorre che una brasiliana
chiami Berlusca a un numero privato
   per informarlo che Ruby, l'egiziana   22
nipote di Mubarak è in questura !
Silvio ha timor per la patria italiana
   nel magnanimo cor, onde ha premura   25
di chiamar in questura, lui in persona.
Chiama e richiama, finché si assicura

che Ruby è in libertà. Ma non risuona   28
nessun allarme ai Servizi Segreti:
dormono tutti. Nessuno abbandona

    le gravi coltri: dormon sonni quieti   31
e mentre Silvio è solo nella peste,
godon la pace che è dei sepolcreti,

    mansueti come gatti nelle ceste.   34
Con lui non c'è neppure un capitano
che chiami in vece sua, che come teste

    spergiuri un dì, se occorre, con la mano   37
sopra il Vangelo, avanti a un magistrato
per salvargli l'onore e il deretano.

    Così si scopre che un uomo di stato   40
fu abbindolato da una minorenne:
sedotto, abbandonato e ricattato.

    Ma Berlusca sa ben che sempre avvenne   43
che l'oro ai ciechi donasse la vista,
né cosa alcuna per l'oro sconvenne

    ai cortigiani: àbbiano una pista   46
da circo equestre, oppure un parlamento
e lì staràn, chi in veste di giurista,

    ad inventare leggi a pagamento,   49
altri in veste di clown per i sollazzi
del capo lor che, se riman contento,

    ancor li manterrà nei suoi palazzi.   52
Fu così che spargendo pingui assegni
a sventagliate, a fasci, a risme e a mazzi,

    a personaggi di ghiande assai più degni   55
che d'altro cibo fatto in uman uso,
dié compimento a tutti i suoi disegni:

    primo fra tutti, passar per confuso   58
demente privo di discernimento,
per uom di stato rimbambito e ottuso.

    Così l'ha presentato in Parlamento   61
Pàniz, alfiere e voce dell'armento[13],
mettendoci la faccia, il pizzo e il mento;

---

[13] La ricostruzione degli eventi prospettata da Paniz e fatta propria dal Parlamento mirava a far passare l'operato di Berlusconi per un atto compiuto nell'esercizio delle funzioni di ministro, in modo che eventuali reati ricadessero nella competenza del Tribunale dei Ministri. V. un brano dell'intervento di Paniz: `http://www.youtube.com/watch?v=R-MErDJjl9U& feature=related`

così l'han giudicato altri trecento   64
fidati servi per trarlo d'impaccio
che, bramosi del proprio asservimento,
   si son stretti a Berlusca in un abbraccio   67
e lui, contento di passar per pazzo,
gli ha detto, con la man sull'avambraccio:
   Io sono io, e voi non siete un cazzo[14].   70
(*20 aprile 2011*)

8.14   Le barzellette oscene di Berlusconi

Le sue frodate ville[15] erano piene   1
di una folla di astuti adulatori;
ridevan forte alle storielle oscene
   che lui narrava ai suoi visitatori   4
(qualcun rideva cogliendo gli istanti
quando ognuno degli altri ascoltatori
   stando in silenzio, sporgendosi avanti,   7
con grande zelo fingeva interesse:
così poteva fregar tutti quanti,
   ridendo prima ch'ogni altro ridesse);   10
per la scarsa memoria o fantasia,
le raccontava dopo alle commesse
   che già le conoscevan dalla zia,   13
poi le contava ai ministri stranieri,
al barista, qual mancia o regalia,
   ai sindaci[16], venuti seri seri   16
per problemi scottanti e impellenti
e che, cercando d'apparir sinceri,
   ridevano, ridevan da dementi   19
contando di ottenere sovvenzioni
in proporzione all'arcata dei denti
   ch'ognun mostrava in preda a convulsioni,   22
ad anossia per troppa ilarità,
chi steso a pancia in sù, altri bocconi,

---

[14] Dal sonetto di G. G. Belli *"Li soprani der Monno vecchio"*. La stessa espressione viene usata dal marchese del Grillo, interpretato da Alberto Sordi, in un celebre film di Monicelli

[15] V. nota 8 al brano 9.5, pag. 145

[16] Berlusconi narra ai sindaci cinti di fascia tricolore la barzelletta sulla mela *"che sa di fica"*: http://video.excite.it/video-Berlusconi-la-barzelletta-della-mela-a-V69927.html

chi sbavando paonazzo in libertà   25
con la cravatta allentata, il colletto
sbottonato, a mostrare l'ubertà
    del satiresco vello sopra il petto.   28
Poi l'incubo si sciolse e il narratore
riprese il posto suo sopra un traghetto[17]
    a intrattenere attempate signore   31
che, ridendo e tenendosi la pancia,
grate del ritrovato buonumore,
    riempir il suo cappel della lor mancia.   34
    (*24 aprile 2011 – Pasqua*)

8.15   Il re e il bambino

Omaggio a Andersen

    C'era una volta un re, un gran sovrano   1
bugiardo, corruttore e prepotente,
col vizio di allungar spesso la mano
    non solo su ogni donna compiacente,   4
ma ancor di più su giornali e tivvù,
su ogni cosa che sperabilmente
    potesse farlo arricchire di più.   7
Non si mostrava certo schizzinoso
con i soci in affari: amava più
    riciclare i denari di un mafioso   10
legato a lui da scambievol ricatto,
che andare in banca, seguire un noioso
    iter di carte e firmare un contratto   13
con tante clausolette vessatorie.
I soldi, lui li voleva sul piatto,
    senza dover sentire tante storie,   16
fossero pur proventi di estorsioni,
o di rapine in banca e sparatorie.
    Sapeva solo che i soldi son buoni   19
a dar meno doveri e più profitti.
Coi soldi, corrompeva testimoni
    (così sommava, ai vecchi, altri delitti)   22

---

[17] Berlusconi in gioventù fece l'animatore sulla nave *Federico C.,* insieme a Paolo Villaggio

o, se richiesto dalle contingenze,
anche un giudice, al qual mandava scritti
   che quel transustanziava poi in sentenze   25
con la sua firma, che li consacrava[18],
da onesto scriba alle sue dipendenze.

   Così, tra inganni e frodi, governava   28
sempre impunito ma la vanità
un giorno lo tradì. Quel dì, indossava

   vesti di peculiari proprietà: 31
solo un occhio innocente le vedeva;
gli altri vedevan le sue nudità.

   Vedendo nudo il re, ognun taceva   34
o faceva ancor più atti d'omaggio,
ché sol così in carriera si ascendeva.

   Non ebber mai i cortigiani un raggio   37
di onesta luce a illuminar la mente,
sincerità non ebber né coraggio.

   Se il re voleva passar per demente,   40
volendo che credesser ch'ei credesse
che da reale famiglia d'Oriente

   una donna era giunta, onde ei temesse,   43
per l'ira accolta in petto al re (suo zio)
se alcun in carcer la donna tenesse,

   in coro assecondavan quel disìo[19]:   46
"Una fanciulla ha sedotto e ingannato
il nostro re !". Non uno disse "Io

   non starò più al gioco dissennato   49
di chi offende color che rappresenta.
Non starò più con quanti han rinnegato

   la propria dignità, con chi ostenta   52
lo stato suo servile ed i venali
patti di cui si gloria e si contenta".

   Padron di servi, servo ai cardinali   55
fu con continuo, calcolato omaggio.
Offerse loro croci pettorali[20]

---

[18] Dopo che la corte di appello di Roma ebbe assegnato la Mondadori a Finivest, si accertò che quella sentenza era frutto della corruzione di un giudice; un avvocato, mediatore della corruzione, aveva scritto una bozza che il giudice incorporò poi nella sentenza. V. anche nota 55 al brano 8.38, pag. 136

[19] V. – fra i tanti – i brani 8.13 e 8.32 a pag. 106 e 129, rispettivamente

[20] V. brano 9.14, pag. 156

in pegno di fedele vassallaggio   58
e l'umile, devota sua ubbidienza
da servo senza onore né coraggio,

    e quelli, con paterna compiacenza,   61
gradiro i doni, il re benedicendo,
che crebbe in arroganza ed in potenza.

    E dunque, mentre stava procedendo   64
il reale corteo coi suoi lacché,
ci fu un bambino allor, che intravvedendo

    a stento tra la folla fitta il re   67
nudo, senza le vesti né mutande,
a gran voce gridò: *"È nudo il re !"*

    Il grido vien raccolto e poi si espande,   70
uno lo ascolta e a cento lo rilancia:
ai preti, ai libertini, alle educande

    (la regina ha purpurea già la guancia),   73
ai cortigiani, dediti al lavoro
di lodare del re perfin fin la pancia

    degna di un cardinale in Concistoro,   76
o la mente che vinse Salomone,
o il forbito linguaggio. Anche a loro,

    con il popolo intero testimone,   79
si mostra un vecchio di flaccide membra,
nudo e bavoso come un lumacone.

    Nessuno finge più; adesso sembra   82
che non vi fosse alcun che non sapesse
quant'era indegno il re; ognun rimembra

    che prima ancor che nudo lo vedesse   85
aveva detto – avanti a testimoni ! –
che sperava che il re si compiacesse

    di ritirarsi fuori dai coglioni   88
perché, dicevan, nessuno è demente
e non ci piace viver ginocchioni.

    Di quel bambin che non valeva niente,   91
nessuno seppe mai chi fosse. *"Niente"*,
si dicevan l'un altro, e ancor si sente

    nominare il bambin *"Tre-volte-niente"*.   94
(*29 aprile 2011*)

8.16   Il referendum sull'energia nucleare

*Temendo che l'emozione suscitata dal disastro alla centrale nucleare
di Fukushima faccia prevalere nell'imminente referendum la linea anti-
nucleare, Berlusconi fa approvare una legge che vieta la costruzione di
centrali nucleari allo scopo, come spiega lui stesso, di evitare il referen-
dum, e potere così riprendere il progetto tra qualche anno*

Berlusca, ineguagliabile   1
conducator nostrano
teme che un referendum
cancelli e renda vano
quel suo progetto atomico
che tanto a cuor gli sta.

Perciò, da padre provvido   7
che sa ciò che conviene
a figli ottusi e pavidi,
lui il voto lor previene.
Con muova legge intima:
"Mai l'atom si userà".

Però, lui spiega subito,   13
tra un anno ne parliamo.
Non voglio un voto isterico
col quale cancelliamo
tutti i contratti auriferi
che ho già con Sarkozy.

Poiché sei fonte, o popolo,   19
della mia sacra unzione,
in nome tuo ti esonero
da questa decisione.
Non rompermi la scatole,
Quel giorno, tutti al mar !

Tu, dai pensier dell'atomo   25
lontana tien la mente.
Il tuo signor magnanimo,
bugiardo e fraudolente
quel che non puoi discernere
deciderà per te.

(2 maggio 2011)

8.17   Un primate a Montecitorio

Il 30 marzo 2011, il ministro La Russa si produce, dal banco del governo, in un applauso di scherno a Franceschini e quando il presidente Fini lo invita a moderarsi, gli rivolge un esplicito "Vaffanculo".
`http://www.youtube.com/watch?v=sWON2Zk5Shw`

Un ministro dell'italo governo	1
di incerta specie, che ascoltò argomenti	
a lui sgraditi, un applauso di scherno	
rivolse all'orator, non altrimenti	4
che urlante scimmia entro robusta gabbia	
che, vedendo arrivar folle plaudenti,	
tralascia un poco di grattar la scabbia	7
e i gesti altrui riprende, e poi li alterna	
con urla e capriole, e quanto abbia	
di lascive pulsioni, tutto esterna	10
acquetandosi sol se il pasto morde.	
Più aduso forse, a bordello o a taverna,	
l'antropoide inveisce e non demorde,	13
e urlando *"Vaffanculo"* al presidente,	
mostra il valor delle ferine corde.	
Matta bestialità lo fa furente;	16
agli italiani onore e lustro toglie	
anzi, di spregio diffonde semente.	
Chi oltr'Alpe va, l'amaro frutto coglie.	19

    (*5 maggio 2011*)

8.18   Ammutinamento dei "Responsabili"

Dodici deputati autodenominati "Responsabili", confluiti fra i sostenitori di Berlusconi, negano più volte la fiducia al governo

Credi proprio di fare il prepotente	1
con chi ti tiene un coltello alla gola,	
e da te vuole una mancia competente ?	
Non hai scampo, Berlusca: la tua sola	4
salvezza è questa: paga, paga tutti,	
spargi denaro, e sia grasso che cola	

in tasca ai tuoi scudieri, che ti frutti   7
ancora un po' d'ossigeno, in attesa
che riprendano il giro, i farabutti.
    Allora, chi la paga ha appena presa,   10
verrà, insolente, a chiederti altro acconto.
Tu, non mostrare nessuna sorpresa,
    non pensare di chiedere uno sconto,   13
non pensare di dir *"Ma vi ho pagati..."*
ma col carnet di assegni sempre pronto,
    paga quei dodici cani arrabbiati   16
che t'han negato il voto in parlamento
e poi che un osso un po' li avrà placati,
    senza neppure un sospiro o un lamento,   19
ricomincia a pagar. Ti dia conforto
pensar che quando arriverà il momento
    che tutti quanti saranno già andati,   22
restare con Gasparri ti è concesso,
che fra i tuoi colonnelli e i tuoi soldati,
    fedele avrai come scopino al cesso.   25
    (*18 maggio 2011*)

8.19   Dopo le elezioni del 15 maggio 2011

Il 15 maggio 2011 si eleggono i sindaci a Napoli, Milano, Genova e altre città. La débâcle dei candidati berlusconiani è generale. A Milano, la Moratti aveva ricordato, durante un confronto televisivo con il suo avversario Pisapia, che quest'ultimo era stato condannato per il furto di un'auto, omettendo di specificare che era stato assolto in appello.

    Vecchio, sei nudo. Invano ancor ti affanni,   1
senza corona né manto reale,
a blandir transfughi e tessere inganni.
    A quanti hai porto in bianco una cambiale,   4
supplice altero, a quanti i tuoi denari ?
Quanti ne ha visti oggi, il tuo sensale ?
    Compra pur scimpanzè, compra somari   7
senza, si intende, trascurar le vacche,
comprali prima che il prezzo rincari,
    comprali come compri le baldracche.   10

Se posso consigliarti, spendi meno
se ti rivolgi a chi dieci casacche
   ha già cambiato e che tre volte almeno   13
ogni seggio occupò; che tu non perda
chi avanti e indietro va, come il duodeno
   o meglio il sigma, collettor di merda;   16
fa di ciascuno un sottosegretario,
pagagli il mutuo, che non si disperda
   nessuno che il tuo zoo fa ricco e vario.   19
Ma dimmi ancor: quant'è che offrirai,
uscito fuori dal foro boario,
   a ognun dei milanesi, che oramai   22
han visto tutte quante le tue carte
di vecchio baro che non cambia mai ?
   Li prenderai tutti quanti in disparte   25
promettendogli un posto nel governo ?
Dove ti spingerai con la tua arte,
   pur di regnar almen fino all'inverno ?   28
Misero re, che compri a prezzo caro
chi puntelli l'incerto tuo governo
   come comprasti il tuo protonotaro   31
che firmò l'ossequiata sua sentenza[21]
(non era toga rossa, questo è chiaro),
   o i finanzieri, ch'ebber convenienza   34
a finire in prigione, ognor negando
d'aver con te una qualche interessenza.
   Ma ai milanesi, cosa vai contando ?   37
Che hai vinto il cancro secondo programma[22] ?
che Ruby era nipote...[23] e delirando
   come deliri, invocando la mamma   40
e giurando sul capo dei tuoi figli
da bolso istrione da farsa – ché il dramma
   è sol per noi se non molli gli artigli –   43
davvero t'aspettavi che vincesse
donna Letizia, tra i morti navigli,
   o che il popolo bue ancor temesse   46
un ladro d'auto, come Pisapia,

---

[21] V. nota 55 al brano 8.38, pag. 136
[22] V. nota 26 al brano 8.21, pag. 117
[23] V. Introduzione al brano 8.13, pag. 106

a voler dir così come si espresse
  la cariatide tua, gentile e pia ?   49
    (*18 maggio 2011*)

8.20   Invocazione di Berlusconi a Obama

Il 26 maggio 2011, a una seduta del G8 in Francia, Berlusconi si rivolge a Obama – dopo avere ordinato al fotografo di riprendere la scena – per segnalargli che in Italia c'è "una quasi dittatura dei giudici di sinistra".

  Fammi giustizia, amato presidente.   1
Sei abbronzato[24], è ver, ma credi a me:
io non ci bado, per me non è niente.

  Stan congiurando tutti contro me.   4
Li vedo avvolti nella toga rossa,
portar fascine per l'autodafé.

  Sto con un piede già dentro la fossa;   7
la Boccassini vuol defenestrarmi
con Scalfari che guida la sommossa.

  Manda i marines, accorri tu a salvarmi,   10
esporta qui la tua democrazia
ché i magistrati vogliono ciullarmi.

  Fallo per la tua mamma, per tua zia,   13
fallo per tua sorella – io l'aspetto
per fare *Bunga-Bunga* a casa mia.

  Ce l'han tutti con me; gli fa dispetto   16
che io sia il meglio che mai si sia visto,
il crismato messia, l'unto, l'eletto,

  e nessun mi sia pari, se non Cristo.   19
    (*28 maggio 2011*)

8.21   Orazione a difesa dell'imputato Berlusconi

Giocando con la fantasia

  Giudichi il tribunale eccellentissimo   1
se Silvio Berlusconi appare degno

---

[24] Il 6 novembre 2008, Berlusconi descrive il presidente Obama *"bello, giovane e abbronzato"*. V. link: http://www.youtube.com/watch?v=5bJZKCps6bw

d'indulto o di castigo severissimo.

    Io vedo un uomo stolto fino al segno   4
di importunare il presidente Obama[25]
non di nascosto, ma senza ritegno

    che anzi chiama il fotografo, per brama   7
che resti un documento onde si dica:
"Ecco Berlusca; qui è mentre chiama

    da dietro Obama; qui, mentre mendìca   10
la sua pietà, giacché la dittatura
dei magistrati – Dio li maledica ! –

    vuole portare a fine prematura   13
il suo governo". Vedo un insipiente
che per il cancro promise la cura[26]

    purché lui fosse ancora presidente.   16
Un alienato sedotto e ingannato
da una fanciulla. Preso per demente

    dal Parlamento[27] che ha certificato   19
che credette, per somma ingenuità,
a tutto ciò che lei gli ebbe narrato.

    Uno che parla in tutta libertà,   22
tratta chi non lo vota da coglione[28]
o da "senza-cervello". In verità,

    tutto ci porta a certa conclusione: 25
quest'imputato è affetto da demenza,
grave delirio di persecuzione,

    solipsismo e mania di onnipotenza.   28
Non voglia dunque questo tribunale
condannar l'imputato; per clemenza,

    lo mandi al manicomio criminale.   31
    (2 giugno 2011 – Festa della Repubblica)

---

[25] V. il brano 8.20, pag. 116

[26] Il 20 marzo 2010, Berlusconi, parlando a piazza San Giovanni del suo programma per i successivi tre anni, dice tra l'altro: *"Vogliamo dare più sicurezza ai cittadini, vogliamo arrivare ad avere meno tasse, meno burocrazia, più infrastrutture e più verde. Vogliamo anche vincere il cancro che colpisce ogni anno 250 mila italiani e che riguarda quasi due milioni di nostri cittadini*

[27] V. brano 8.8, pag. 99

[28] *"Ho troppa stima per l'intelligenza degli italiani per credere che ci possano essere tanti coglioni che votano contro il proprio interesse"* (Berlusconi alla Confcommercio, il 6 aprile 2006)

8.22   La Consulta ammette il referendum

Malgrado che Berlusconi abbia fatto approvare una legge che vieta la costruzione di centrali nucleari allo scopo dichiarato di evitare il referendum sul nucleare (v. il brano 8.16, pag. 112), la Cassazione dispone che il referendum si tenga ugualmente; Berlusconi ricorre alla Corte Costituzionale, ma la Corte boccia le sue richieste

1

Grande avvocato delle cause perse !
urlò Berlusca in faccia ad Angelino
(fin qui, non si può dire che scoperse

4

   niente di nuovo; senza un posticino
dentro al governo, come avrebbe fatto
a procurarsi un po' di pane e vino

7

   senza rischiare ogni mese lo sfratto,
il ministro preposto alla Giustizia ?).
Dopo tal vocativo, tutto sfatto,

10

   gonfio la faccia d'ira e di tristizia,
nero la bile qual buio d'inferno,
folle nei gesti, siccome la Pizia

13

   mentre rivela il fato che l'eterno
consiglio degli dei all'uom riserva,
tale ad Alfano il capo del governo

16

   sdegnoso si mostrò, con la proterva
faccia contro la sua protesa e gli occhi
simili a brace che in sé il fuoco serva.

19

   Poi seguitò: *Grazie ai tuoi pastrocchi*
dietro a me, ride tutta la Consulta !
Grazie per i consigli che a quattrocchi

22

   sottovoce mi davi: "Mi risulta
che ora alla Corte siamo in maggioranza:
tu fai ricorso, e intanto in cuore esulta:

25

   fuori De Siervo, altra musica e danza
tu sentirai a fianco al Quirinale[29].
Son nostri i giudici ! Abbi in cor fidanza

28

   che il referendum non può finir male.
Anzi, ti giuro che è bello e bocciato".
Bocciato sarai tu, capra, animale !

---

[29] La Corte Costituzionale risiede al palazzo della Consulta, in piazza del Quirinale. Il presidente De Siervo – additato da destra come uomo di sinistra – ha appena lasciato il suo ufficio.

E dire che ti avevo tanto amato !   31
Angelino, dicevo, mio ministro,
chi è nel mondo il più grande uom di stato?

E tu mettevi mano al tuo registro   34
che conserva memoria dei miei fasti,
leccavi un poco l'indice sinistro

a sfogliare quei fogli, ed entusiasti   37
a me volgevi gli occhi tuoi dicendo:
"Il più grande sei tu ! Tu surclassasti

De Gasperi e Cavour", *ed in crescendo*   40
aggiungevi: "Chi è Barak Obama,
appetto a te, pensiero mio stupendo?

Chi è Sarkozy? Non senti che ti chiama   43
il fato con la voce che rintrona ?"
Ora io ho solo di strozzarti brama,

ché l'ultima ora mia a me par che suona.   46
(*7 giugno 2011*)

8.23   I fioretti del poverello di Arcore

Fra gli atti edificanti di Berlusconi, si annovera la liberazione di Ruby, detenuta per furto nella questura di Milano (v. i brani 8.8 a pag. 99, 8.13 a pag. 106 etc.), la conversione di molti deputati i quali, diventati improvvisamente "responsabili", si danno a sostenere il governo nonché la predica alle sedie vuote di Amantea (in Calabria) del 17 giugno 2011: Berlusconi saluta per telefono i partecipanti a una riunione di suoi sostenitori ma nessuno lo avverte che la sala si è svuotata.
`http://www.youtube.com/watch?v=tuotij1VTx4`

Come Francesco, pien di santo zelo,   1
il Santo d'Arcore ebbe gran pietà
di una fanciulla chiusa al buio e al gelo,

a pianger la perduta libertà,   4
sicché la liberò con cuor paterno,
zelo di santo, somma carità.

E poi che assai temette, questo inverno,   7
di perder la fiducia in Parlamento[30],

---

[30] Dopo l'uscita di Fini dalla coalizione, Berlusconi non ha più la maggioranza. Ma al momento della prima verifica in Parlamento (14 dicembre 2010) le provvidenziali conversioni alla sua causa di

convertì molti in favor del governo
    senza usar mai nessun altro argomento   10
che il senso del dovere e del servizio,
onde ciascun, dal verbo suo redento,
    cambiò la vita sua, abiurò ogni vizio   13
e, cambiata la logora casacca,
prestigio eccelso diede all'alto uffizio,
    non altrimenti che vecchia baldracca   16
che per moneta si vende e si giace
con ogni marinar che al molo attracca.

    Hanno levato già la man rapace   19
per farsi mercenari tuoi devoti,
tanto quell'oro che offristi gli piace.

    Godi Berlusca, godi dei lor voti,   22
prolunga l'agonia che t'ha condotto
a parlare davanti a seggi vuoti

    come un disco incantato, un disco rotto   25
come un lamento che nessuno ascolta,
ché un pidduista che grida al complotto

    è fiaba che sentimmo già altra volta.   28
(*21 giugno 2011*)

8.24   Lite fra Tremonti e Berlusconi

Dopo che il Consiglio dei Ministri approva il decreto-legge "Disposizioni urgenti per la stabilizzazione finanziaria", compare nel decreto una norma che sospende i risarcimenti disposti dal giudice. Questa norma – della quale si avvantaggerebbe la Fininvest (v. Introduzione al brano 8.25, pag. 122) – non figurava nel testo presentato al presidente Napolitano e ai ministri Tremonti e Calderoli

    Berlusca convocò il suo gabinetto,   1
con Angelino addetto allo sciacquone
e con Brunetta a far da scendiletto.

    Quindi esordì: *La giusta soluzione*   4
per questa crisi è un provvedimento
"lacrime-e-sangue". Avverto la nazione

    che non avranno più nessun aumento   7

---

deputati di vari gruppi dell'opposizione gli permettono di sopravvivere ancora.

dipendenti statali e pensionati.
Crolli Pompei con ogni monumento,
  ché troppi soldi ormai ci son costati.   10
Vadano via precari e contrattisti;
hanno la scabbia, son sporchi e appestati
  e soprattutto sono comunisti;   13
la peggio Italia sono proprio questi !
(Musica fu, Brunetta, quel che udisti)
  Lunga vita al partito degli onesti !   16
Lunga vita al partito dell'amore !
Dopo aver detto ciò, con gesti lesti,
  preso il decreto, senza far rumore,   19
mostrò ciò che potè una faccia tosta:
con destrezza da gran prestigiatore
  lo cambiò con un altro, scritto apposta   22
per fare sì che non pagasse niente
di una penale amarissima e tosta
  che una piaga gli aperse assai dolente.   25
Silvio gioca assai ben con le tre carte,
ma stavolta non gli è servito a niente.
  Tremonti infatti, lo ha preso in disparte   28
per dirgli, carezzandogli la tigna:
Credevi che anch'io fossi un passacarte
  o che Natura con me fu matrigna   31
sì da farmi cretino qual Brunetta[31]*,*
che ha mente labile, fioca e caprigna ?
  Vuoi che ti tenga il sacco mentre in fretta,   34
con un decreto falso e surrettizio,
vuoi conservare ciò che non ti spetta ?
  Vuoi che ti segua in fondo al precipizio ?   37
Va avanti tu, Berlusca, io non ho fretta.
Si scioglie qui l'antico sodalizio:
  non uom di stato sei, ma da operetta.   40
    (7 luglio 2011)

---

[31] Il 7 luglio 2011, nel corso di una conferenza stampa, Tremonti – senza rendersi conto che i microfoni sono accesi – parla del ministro Brunetta come di "un cretino". Vedi il link: http://tv.repubblica.it/politica/fuori-onda-brunetta-parla-tremonti-lo-demolisce-e-un-cretino/72234?video

8.25 A Marina Berlusconi

*La Corte d'appello di Milano condanna la Fininvest a risarcire la Cir
con 564 milioni perché, in un precedente giudizio svoltosi presso la corte
d'appello di Roma, si era fatta assegnare la proprietà della casa editrice
Mondadori, mediante la corruzione di un giudice. Berlusconi e la figlia
Marina (attuale presidente della Mondadori) gridano alla rapina (v. no-
ta 55 al brano 8.38, pag. 136)*

Soave Antigone, guida tu a buon porto　　　　　　　1
il padre tuo, accecato dall'ira
per l'infame rapina e lo sconforto.
Stagli vicina nella sua Egira　　　　　　　　　　4
nella nuova Colono. Stagli accanto
come Cordelia, mentre Lear delira.
Conforta il suo lamento col tuo canto:　　　　　　7
canta, ché più non conti quanto ha perso
da quando volle per sé tutto quanto
il patrimonio che lasciò disperso　　　　　　　　10
Arnoldo Mondadori alla sua morte.
Ovunque andasse, il suo sentier fu asperso
dell'oro che donar solea da forte　　　　　　　　13
a testimoni, a giudici severi,
ai finanzieri il cui cammin la sorte
incrociò con il suo. Appena ieri　　　　　　　　16
menava vanto di sua gran moneta.
Or l'infelice piange, ed è mestieri
che esule vada per tutto il pianeta.　　　　　　19
　(10 luglio 2011)

8.26　Ad albero caduto, accetta, accetta !

*Dimezzato nella sua autorità dal ministro Tremonti che detta la politica
economica del governo, Berlusconi sembra rassegnato a sopravvivere*

Ad albero caduto, accetta, accetta !　　　　　　1
così Berlusca andava ripetendo
farfugliando parole a bocca stretta,
persi gli occhi, guardando e non vedendo,　　　4

terrea la faccia, livida ed assente,
(par che aggiungesse *"mi stanno fottendo"*).
  Si raccomanda a Obama e lui non sente[32];   7
anzi, si chiede come, ancora adesso,
gli italiani si fìdin di un demente.
  È diventato l'ombra di sé stesso.   10
Da che uscì l'amarissima sentenza[33]
lui si alza solo per sedersi al cesso.
  Colmo di umore nero e inappetenza,   13
geme e si pasce di pianto e lamento:
"Ahi, latrocinio ! Ahi, perfida violenza !"
  L'altrieri[34] è ricomparso in Parlamento   16
come uno spettro, senza dire niente,
come Banquo che va al ricevimento
  del nuovo re, Macbèth, ma in volto assente,   19
senza guardare mai Tremonti in faccia.
Ha votato. Poi, fatto evanescente
  come il gatto di Alice, dalle braccia   22
dei suoi si sciolse senza un cenno o un segno.
Scomparve, né di lui rimase traccia.
  Come quel gatto, svanisce il suo regno.   25
  (*19 luglio 2011*)

8.27 Tre ministeri traslocano a Monza

*Il 23 luglio 2011, in alcuni locali della Villa Reale di Monza, si inaugura
la sede decentrata di tre ministeri: Semplificazione (Calderoli), Riforme
(Bossi) e Turismo (Michela Brambilla)*

  So' 'ncazzati; li ho visti a Pontida.   1
Ce l'han tutti con Silvio Berlusca:
*"Lui ci fotte e imbrogliando, ci busca
e noi il sacco gli stiamo a tener"*.
  "Un dì il cappio[35], raccontano gli avi   5

---

[32] V. brano 8.20 (*Invocazione di Berlusconi a Obama*), pag. 116

[33] V. introduzione al brano 8.25, pag. 122 e la nota 55 al brano 8.38, pag. 136

[34] Il 16 luglio 2011, Berlusconi entra in Parlamento con un livido sulla fronte; dirà di essere scivolato mentre faceva la doccia.

[35] Il 16 marzo 1993, il deputato leghista Luca Leoni Orsenigo agita un cappio nell'aula di Montecitorio rivendicando il ruolo moralizzatore della Lega

fu stendardo per noi, distintivo
che il leghista incorrotto e giulivo
minaccioso soleva mostrar".

    Quel lamento nostalgico e fiero   9
si raccoglie dal monte, dal piano.
Che facciamo ? si è chiesto pian piano
Bossi Umberto, profeta del Po.

    Che facciamo ? ripete Salvini   13
con la mano che impugna il boccale[36].
Calderoli, guidando il maiale[37],
si ripete *E adesso, che far ?*

    Annebbiato dall'alcool, Speroni   17
la mitraglia vorrebbe imbracciare:
Dagli ai turchi ! Dobbiamo sparare,
l'invasione dobbiamo fermar.

    Un concilio si impone; ora i celti   21
dalle corna affondate nel vento
(al terrone, terrore e spavento)
nuova tattica stanno a cercar.

    Al dio Bacco rivolgono in coro   25
preci ond'egli un consiglio sagace
loro ispiri, che Roma rapace
ne riporti timore e terror.

    Libagioni con grolle e boccali   29
e con calici al dio furo offerte
onde grato, le menti gli ha aperte
il dio Bacco, che sì gli parlò:

    Miei devoti, che dalla Padania   33
diffondete il mio culto, ascoltate:
quattro tavoli a Monza portate,
bronzea targa risplenda nel Sol:

    Vi si scriva: Qui venner tre stronzi   37
buoni a nulla, capaci di tutto:
far pernacchie, od emettere un rutto,
scorreggiando in total libertà.

    (*10 luglio 2011*)

---

[36] Il 7 luglio 2009, l'eurodeputato leghista Matteo Salvini viene ripreso mentre canta, con un boccale di birra in mano *"arrivano i napoletani … colerosi e terremotati … scappano anche i cani"*

[37] Il 13 settembre 2007, Calderoli si dice pronto a portare il suo maiale a passeggiare sul luogo dove dovrebbe sorgere una moschea, a Bologna. Secondo la religione islamica, il maiale contaminerebbe irrimediabilmente quel terreno, sul quale la moschea non potrebbe più essere costruita

8.28 Mons. Fisichella predica ai deputati pellegrini

Deputati di tutti i partiti partecipano a un pellegrinaggio in Terra Santa, guidati dal cappellano di Montecitorio, Mons. Fisichella. Quest'ultimo è noto per aver manifestato indulgenza per una bestemmia pronunciata da Berlusconi, con lo scopo dichiarato di evitare problemi al governo (v. brano 9.10, pag. 151)

<table>
<tr><td>

Hanno ordinato un sacco al loro sarto
che sia lor vestimento in Palestina.
Per penitenza, ha detto ognuno, *parto.*

</td><td>1</td></tr>
<tr><td>

Han chiuso con la vita truffaldina,
con le frodi, gli imbrogli e con gli inganni,
coi voti dati a tanto alla dozzina,

</td><td>4</td></tr>
<tr><td>

venduti per cambiare i prischi scanni
con altri ed altri ancor, con fretta tanta
che sedettero ovunque, in pochi anni.

</td><td>7</td></tr>
<tr><td>

La croce da crociato poi trapianta
ciascun sul sacco, sì ché del santo segno
quasi novel democristian si ammanta.

</td><td>10</td></tr>
<tr><td>

Primo dei pellegrini marcia un degno
pastor che ai penitenti annuncia Cristo.
"Son chiuse ai ricchi le porte del Regno

</td><td>13</td></tr>
<tr><td>

ché servir non si può Mammona e Cristo !"
proclama mentre avanti agli altri arranca
e, contestualizzando[38] Gesù Cristo,

</td><td>16</td></tr>
<tr><td>

aggiunge ciò che nel Vangelo manca:
"Servir solo Berlusca vi è permesso
insieme a Cristo: avete carta bianca.

</td><td>19</td></tr>
<tr><td>

E se Silvio bestemmia o se fa sesso
con minori adescate alla bisogna
da fidati magnacci, fa lo stesso:

</td><td>22</td></tr>
<tr><td>

servitelo voi pur, senza vergogna,
come fa Lupi, come Scilipoti:
se la rogna non prude, non è rogna.

</td><td>25</td></tr>
<tr><td>

Lui ci finanzia, noi gli diamo voti.
Solo i maligni in questo onesto patto
(non certo voi, figlioli miei devoti)

</td><td>28</td></tr>
</table>

---

[38] V. introduzione al brano 9.10, pag. 151

posson veder mercimonio o baratto.   31
Noi chiediam solo di non pagar tasse
e di dettargli cos'è che va fatto
   e di intimargli che mai si arrischiasse   34
a fare leggi se non siam d'accordo.
E voi, fedeli più che ci bastasse,
   ci consentiste di fare l'abbordo   37
senza concorsi, alle pubbliche scuole
mentre le nostre – grato lo ricordo –
   voi finanziaste, ché quello che vuole   40
legge e Costituzion non ci interessa.
Mestier non è che aggiunga altre parole.
   Se siete onesti e buoni e andate a Messa,   43
mantenendo al poter questo governo,
avrete pace in questa vita stessa
   e poi, nell'altra avrete il gaudio eterno".   46
   (10 agosto 2011)

8.29   L'amicizia tra Tarantini e Berlusconi

Per fare breccia nel cuore di Berlusconi, l'imprenditore barese Tarantini si dà a "ricercare donne, persuadendole o rafforzando il loro iniziale proposito a prostituirsi, in occasione degli incontri che egli stesso organizzava con Berlusconi... allo scopo di consolidare il suo rapporto con Berlusconi e ottenere per il suo tramite, incarichi istituzionali e allacciare, avvalendosi della sua intermediazione, rapporti di tipo affaristico con i vertici della Protezione civile, di Finmeccanica e altre società"[39]. *Il 10 ottobre 2008, Berlusconi parla con Tarantini:* "...Porta le tue donne che poi io mi porto le mie... poi ce le prestiamo... Insomma la patonza deve girare". *Quando Tarantini finisce sotto inchiesta, Berlusconi gli paga la difesa e gli "presta" cinquecentomila euro. Ai magistrati spiega che si è trattato di atti di generosità disinteressata verso un amico in difficoltà*

   Oh gran virtù de' cavalieri antichi !   1
non avvenne giammai che Tarantini
accumulasse banconote in plichi
   di grave peso per farne meschini   4

---

[39]   Dalla richiesta di rinvio a giudizio a carico di Tarantini e altri per sfruttamento della prostituzione, presentata dai magistrati della Procura di Bari al Gip il 27 aprile 2012

doni a Berlusca, in cambio di commesse,
come altri usava, con altri padrini.

    Da gentiluomo di grande noblesse,   7
usava offrire donne, a soddisfare
qualunque voglia il suo signore avesse.

    E tanto conosceva il *"saper fare"*   10
da non voler che Berlusca sapesse
che c'era lui, a offrire e pagare[40].

    Lo amava sì, da voler ch'ei credesse   13
che ogni donna che a lui si concedeva,
vinta dal fascino suo gli cedesse,

    sì che Berlusca ancor di più godeva,   16
ché si scopriva ancora affascinante
come già fu nell'età sua primeva;

    giocava a fare il galletto ruspante,   19
né il flaccido suo culo[41] lo angustiava
(ogni vecchio – si sa – ritorna infante).

    A sua volta, Berlusca ricambiava   22
facendo dono, in segno di amicizia,
di ciò che il cuor dell'altro più bramava:

    affari e soldi, al fin che la letizia   25
riempisse tutto il core dell'amico
che tanto fé per dare a lui letizia.

    Esempio degno del buon tempo antico !   28
Uno già volle che l'altro godesse;
l'altro ora manda al primo qualche plico

    grave di banconote bene impresse   31
che, consolandol per la mala sorte,
faccian sì che mai voglia gli venesse

    di dir che l'uno all'altro fu consorte   34
nel barattare donne per argento,
onde godette ognuno e la sua corte.

    E ciò non fa d'onor molto argomento.   37
    (*5 settembre 2011*)

---

[40] Berlusconi dichiarerà di avere sempre ignorato che le donne che Tarantini gli inviava nelle sue dimore fossero delle escort

[41] Il 27 aprile 2012, Nicole Minetti è al telefono con Clotilde Strada: *"lui* [Berlusconi] *pur di salvare il suo culo flaccido..."*

8.30   Ustica

*Il 27 giugno 1980, un aereo DC9 della compagnia Itavia, in volo da
Bologna a Palermo, precipita presso l'isola di Ustica, colpito da un mis-
sile (Cassazione, III civ., sentenza n. 1871, 28 gennaio 2013). L'istrut-
toria condotta dal giudice Priore non riesce a dare un nome ai respon-
sabili della strage.* "Alti ufficiali, funzionari ed anche semplici impiegati
e militari – *scrive il giudice* – rendono dichiarazioni al limite del ridi-
colo, negando ogni evidenza, persino quelle documentali".

Se un'altra strage offese il Bel Paese,   1
se un aereo finì giù in fondo al mare,
nessuno avanzi richieste o pretese.
 Nessuno osi inquisire o investigare.   4
Al giudice che indaga, la menzogna
sia la risposta che sol lece dare.
 Il loro onore è la loro vergogna.   7
  (*12 settembre 2011*)

8.31   Lanzichenecchi

 Quando c'eran da noi i Lanzichenecchi,   1
tutti speravan: *"Se ne andranno, un giorno,*
anche se noi quel dì sarem più vecchi
 e il passato, si sa, non fa ritorno.   4
Ma morrem tutti liberi, alla fine:
grande sorte per noi, per loro scorno".
 Ma costoro non son d'oltre confine;   7
sono italiani e, quel ch'è peggio ancora,
ogni cento di noi, son tre decine
 quelli contenti di quel che ci accora: 10
che in Italia governi un malfattore
che nel mondo ci umilia e disonora.
 Perché i trenta han di sé sì poco amore ?   13
  (*25 settembre 2011*)

8.32   Berlusconi e i suoi paladini

Siccome i paladin di Carlo Magno,   1
stanno i serventi a Berluscon d'intorno.
Da un lato incontri lo sguardo grifagno
di Scajola[42] che soffre ancor lo scorno   4
di iniquo esilio; ma fiero minaccia
che ancor più fiero sarà il suo ritorno.
Più stretto al duce, puoi goder la faccia   7
di Stracquadanio, che quando rubello
Fini si fece, gli volse minaccia
di calunniarlo, da falsario e fello,   10
con il *"metodo Boffo"*[43]. Coi suoi detti,
l'onor difese di donne da bordello[44]
che viaggiarono già per molti letti   13
prima di lieto approdo in Parlamento
(lottaron molto, mai a denti stretti).
Poi vedi Paniz, che col suo intervento[45]   16
narrò la fiaba, al popolo italiano,
di una minore, e il suo imparentamento
con Mubaràk, il raïs egiziano.   19
E sebbene nessuno ci credesse,
devoti alzar trecento e più la mano,
quasi che ognun dentro di sé temesse   22
che a dir di no, un po' di dignità
in fondo al cuore suo gli rimanesse,
insieme al gusto della libertà.   25
(*29 settembre 2011*)

8.33   Il ministro Maroni

Giocavi un tempo a fare secessioni   1
ché per te la Padania era il tuo stato[46]
e il tuo profeta, Bossi. I beveroni

---

[42] Scajola lascia temporaneamente la politica, quando si scopre che qualcuno ha pagato per la casa con vista sul Colosseo, che lui ha acquistato. V. Introduzione al brano 8.34, pag. 131

[43] V. nota 2 al brano 7.8, pag. 86

[44] V. nota 4 al brano 7.8, pag. 86

[45] V. Introduzione al brano 8.8 a pag. 99

[46] Maroni è stato Presidente del *"Parlamento del Nord"*, alternando le sue attività secessionistiche con quelle al servizio dello Stato italiano. V. http://www.youtube.com/watch?v=QgV5i37eq5Q

dal Pado attinti ti hanno vaccinato 4
contro il rischio di esser coerente
o sembrar – non sia mai ! – uomo di Stato.
  Coi clandestini, fosti combattente 7
valororoso e pugnace; come pacchi
bambini e donne rinviasti al mittente,
  nel deserto di Libia. Altri in sacchi 19
giunser da noi, ché la tua legge vuole
che chi li salva, le sue carte macchi
  per aver favorito l'invasione 13
di chi non ha i prescritti documenti
ma con sé porta sol disperazione.
  Sulla *Padania*[47] scrivevi veementi 16
atti d'accusa un dì, per Berlusconi,
mafioso tra i mafiosi. Ma indulgenti
  il potere vi ha reso; da amiconi 19
con lui spartite il pane. I giuramenti
fatti davanti a mille testimoni
  (*"Guerra alla mafia senza cedimenti* 22
nel nome di Falcone e Borsellino")
li accantonasti come impedimenti
  a ciò che ti interessa da vicino: 25
tu vuoi il potere, il potere soltanto
anche se devi chiederlo a un padrino
  al quale tu, da pari siedi accanto. 28
  (*30 settembre 2011*)

---

[47] Il 13 giugno 1998, *La Padania* pubblica, sotto il titolo *Baciamo le mani*, le foto di dodici personaggi, tra i quali Riina, Brusca, Bagarella, Dell'Utri, Andreotti e Berlusconi. Il 2 agosto 1998, il quotidiano pone dieci domande a Berlusconi; con la prima di esse, gli chiede conto dell'origine dei finanziamenti con i quali costruì *Milano 2*; all'epoca dell'acquisto del terreno, Berlusconi aveva 32 anni e non aveva alcun patrimonio familiare; eppure, il terreno costò tre miliardi di lire e il cantiere fu aperto per 5 anni, al costo di 50 milioni al giorno

8.34 Scajola lascia Berlusconi ?

*L'ex ministro Scajola (che forse sta per lasciare la "Casa delle Libertà")
continua a vivere nella casa che acquistò con il contributo di un milione
di euro pagato – a sua insaputa – da un misterioso benefattore*

<table>
<tr><td>

Sdegnoso il grugno assai più che l'usato,
par che Scajola lasci Berlusconi.
La nave affonda. I sorci hanno fiutato
   l'odore della fine. Sui barconi
stanno scappando già gli stercorari.
Dimmi, Scajola: è vero che abbandoni
   insieme ad altri onorati tuoi pari
la casa dove il capo veglia insonne,
casa-madre di tutti i lupanari,
   ma non quella che avesti da due donne
e che pagò per te un benefattore ?
La stampa scrisse, nelle sue colonne,
   che fu costui tanto gentil di cuore
che a te nascose il liberal suo gesto,
il generoso, ignoto donatore.
   Tanto gentil mi parve e tanto onesto
che solo a te lo posso rapportare,
che come lui sei umile e modesto.
   Ora che tu ti vuoi riverginare
cercando un'altra nave più sicura,
dimmi, Scajola: lo andasti a cercare,
   l'ignoto autore di tanta premura
per dirgli, con l'usata indignazione,
che mai non abbia per te tale cura
   che par prezzo di ignota corruzione ?
O preferisci passare per demente
inconsapevole e privo di ragione
   pur di tenerti, arrogante e impudente,
quella casa di via del Fagutale
e riapparir da vergine prudente
   (nuovi i colori), candida vestale?
   (8 ottobre 2011)

</td><td>

1

4

7

10

13

16

19

22

25

28

31

</td></tr>
</table>

8.35 Auto-condono

Il 27 ottobre 2009, vigilia della decisione della Cassazione su un contenzioso tra Fisco e Mondadori per 350 milioni di euro, il presidente della Cassazione Carbone sottrae la causa alla Sezione Tributaria, per assegnarla alle Sezioni Unite. Ma prima che le Sezioni Unite si pronuncino, il parlamento approva una legge che consente al contribuente in lite con il Fisco di estinguere la controversia pagando del 5% dell'importo contestato (al netto di interessi e penalità). Per la Mondadori, basteranno 8 milioni. Carbone sarà tra i protagonisti del cosiddetto affare P3, insieme ad altri "sfigati pensionati"[48]

Noi siamo amici di ogni uomo onesto !   1
Sia legge, quindi, un condono tombale
che se il fisco, mettiamo, vi abbia chiesto
   cinquecento milioni di penale   4
per tasse evase, ne paghiate otto
(alla faccia di chi ci vuole male).
   Gli infami sbirri avevan messo sotto   7
la Mondadori, pretendendo tasse
ma zitto zitto gli feci il cappotto
   e prima ancor che il fisco mi potasse   10
i guadagni lucrati con l'azienda,
io decretai che allo stato bastasse
   obolo vil, per chiuder la faccenda.   13
   (9 ottobre 2011)

8.36 Un ispettore indaga sui giudici che indagano su Berlusconi

Nell'ottobre 2011, Nitto Palma, ministro della Giustizia del governo Berlusconi, affida al giudice Arcibaldo Miller un'ispezione alla Procura di Napoli, dove è in corso un'inchiesta sulle escort che sarebbero state portate a Berlusconi. Nel 1994, quando era alla Procura di Napoli, Miller era stato processato per mafia; fu assolto, ma gli avvocati napoletani trovarono "fondate ragioni di censura sul suo comportamento."

---

[48] V. il brano 8.36, pag. 132 e l'introduzione al brano 9.4, pag. 144

I mafiosi non aman chi fa luce 1
sui lor misfatti. A chi cotanto ardisce,
muovon minacce, fan la faccia truce
    sicché, se qualchedun si intimidisce, 4
la mafia, bestia feroce e maligna,
infamie ancor peggiori trama e ordisce.
    Ma mai la mafia che in Sicilia alligna 7
o la camorra furon tracotanti
come colui che popolò la tigna
    di neri peli, a forza di trapianti[49]. 10
Or che lo attende l'ennesima inchiesta
per le sue imprese turpi ed infamanti,
    lungi dal far come persona onesta 13
che anela a discolparsi e a dimostrare
che era innocente e che innocente resta,
    comanda ai suoi ispettori di indagare 16
sui giudici che indagan su di lui.
Li comanda Arcibaldo, suo compare,
    un giudice che visse tempi bui 19
per l'amicizia un po' troppo cordiale
con camorristi assai vicini a lui.
    Non pagò dazio né pagò penale, 22
anzi, promosso al rango di censore
dei giudici di ogni tribunale,
    vigila adesso che ognun faccia onore 25
alla toga che indossa. A malandati
vecchi si unì una sera l'ispettore.
    Eran quattro sfigati pensionati[50], 28
usi nel vino ad annegar gli affanni
e a parlare tra lor dei fasti andati,
    quando Verdini, ancor non è molti anni, 31
con un sol cenno convocò milioni[51]
che convennero a piazza San Giovanni,
    per amore di Silvio Berlusconi. 34

---

[49] Il 5 agosto 2005, Berlusconi si sottopone a un trapianto di capelli, a Ferrara, dopo essersi già sottoposto ad altro, simile intervento, un anno prima

[50] Il 13 luglio 2010, Berlusconi parla della cosiddetta P3 come di *"quattro sfigati pensionati"*. V. introduzione al brano 9.4, pag. 144

[51] Il 20 marzo 2010, il coordinatore del PdL Denis Verdini, nel corso di una manifestazione convocata per esprimere sostegno a Berlusconi, proclama *"Siamo abbondantemente più di un milione di persone"*. Per la questura, non sono più di 150.000

Carboni, allora, era rispettato
in Vaticano, nei salotti buoni
   della Finanza, dove è venerato   37
quel dio che non fa puzza e che arricchisce
e chi più ne possiede, è più lodato.

   Il buon Dell'Utri un po' si intenerisce   40
se col pensier va all'eroico stalliere
che, stando a quello che lui riferisce,

   ciò che sapeva, negò di sapere[52]   43
dando fulgido esempio di omertà
per rispetto all'amato cavaliere.

   Non ci può esser clemenza o impunità   46
per chi a Berlusca nega devozione
con il pretesto della libertà.

   Chi osò indagar su lui, abbia lezione   49
che giù lo tragga dal suo piedistallo.
Sulla sua porta, per ammonizione,
   gli sia affissa una testa di cavallo[53].   52
   (*16 ottobre 2011*)

8.37 Berlusca Furioso

L'8 novembre 2011 è rimesso in votazione alla Camera il Rendiconto Generale dello Stato, già bocciato il 10 ottobre. Mancano i voti di otto deputati di maggioranza; tra questi, Gabriella Carlucci. Sedendo al banco del governo, Berlusconi annota "otto traditori"

   Tre volte e quattro e sei lesse lo scritto[54]   1
che raccoglieva i nomi degli eletti
da lui comprati oppur presi in affitto.
   Tra i suoi fidati e devoti valletti,   4
si nascondeva più di un rinnegato.

---

[52] Il 9 maggio 2014 la Cassazione conferma la sentenza della Corte d'Appello di Palermo del 25 marzo 2013 che aveva ritenuto Dell'Utri colpevole di associazione mafiosa, ritenendo che con l'incontro del 1974 tra Berlusconi, Dell'Utri e i capimafia Di Carlo, Bontate e Teresi sia stato definito *il patto che legherà Berlusconi, Dell'Utri e Cosa Nostra*. Il patto prevedeva l'assunzione di Mangano – poi condannato all'ergastolo per duplice omicidio – nella villa di Arcore

[53] Nel film *Il Padrino* di Coppola, il protagonista minaccia una delle sue vittime facendole trovare una testa mozza di cavallo nel letto

[54] Con questo verso l'Ariosto introduce il racconto della follia di Orlando (*Orlando Furioso*, XXIII, 111, 1): il paladino impazzisce quando uno scritto gli rivela che l'amata Angelica si è data a un altro

Dopo che i nomi ebbe letti e riletti,
     tre volte e quattro e sei fu ognun spuntato   7
con segno fausto o infausto oppure incerto,
per disvelar ciò che celava il fato.
     Ahi notte amara poiché gli fu inferto   10
colpo fatal da Gabriella Carlucci !
Ora Berlusca è solo in un deserto,
     di ognun sospetta, tra furori e crucci,   13
da ognun si guarda, di ognuno ricerca
ansioso un segno onde ei si discorrucci.
     E come pescator di lucioperca   16
studia di attrarre il pesce nella rete,
nel duolo immerso, con sé stesso alterca,
     ché i fuggitivi spregian le concrete   19
offerte onde egli ad adescarli prova
e già si vede entro cassa di abete.
     Ahi, liete notti spese in un'alcova,   22
Ahi fasti, lungi ormai, del *Bunga-Bunga*,
Ahi, notte ria d'affanno e malanuova !
     Notte non vide mai cotanto lunga   25
quanto fu quella notte di passione:
riconta i nomi, e spera invan che giunga
     l'annunzio lieto di notizie buone,   28
finché vien l'alba che spegne le stelle.
Si reca al cesso, tira lo sciacquone
     quando un brivido increspa la sua pelle,   31
ché al gesto suo, un presagio funesto
gli svela che non sol qualche ribelle,
     ma – ciò che conta – ogni italiano onesto   34
lo stima degno di star nella fogna.
Tradito il cavalier, afflitto e mesto
     delira ormai, né sai se è sveglio o sogna;   37
anzi, le grida sue son certo segno
che ha perso senno, pudore e vergogna:
     Un cavallo, un caval per il mio regno !   40
urla al consesso delle sue baldracche.
Compratelo per me ! Ecco un assegno !
     Cerchi cavalli ? Non hai già le vacche,   43
non hai i maiali, gli asini parlanti,

non hai i caproni che elargiscon cacche ?
 Credevi tu che pagando in contanti   46
ti infuturavi a perenne memoria ?
Credi, Berlusca, insieme ai lestofanti
 sarà il tuo nome scritto nella storia.   49
  (*12 novembre 2011*)

8.38 Trasloco da Palazzo Chigi

*Il 12 novembre 2011 Berlusconi sale al Quirinale per presentare le sue
dimissioni al presidente Napolitano*

 Il camion dei traslochi è posteggiato   1
proprio davanti all'austero palazzo
che fu dei Chigi. A lungo l'ha abitato
 il padrone di un circo, con codazzo   4
di clown, bajadere e faccendieri
che come armenti l'ebbero per stazzo.
 Escono i reggicoda e gli scudieri,   7
escon turibolari e flabellari,
escon i fidi suoi contrabbandieri
 usi a portare oltr'Alpe i suoi denari   10
(non sia mai che pagasse anche le tasse)
con cui pagava clienti e gregari,
 come fu quando avvenne che pagasse   13
il giudice che scrisse una sentenza
perché dei beni d'altri si appropriasse[55].
 Da gentiluomo, avanti la partenza   16
salutò uno ad uno i governanti
che ebbero il bene di far conoscenza
 con lui. Gli han detto che d'ora in avanti   19
sentiranno al G20 la mancanza
di chi sollevi il morale a tutti quanti.
 Per non smentire, poi, la nominanza   22

---

[55] Dopo che la Corte di appello di Roma ebbe risolta in favore della Fininvest una controversia tra Cir e Fininvest per l'assegnazione di Mondadori, si accertò che il giudice relatore era stato corrotto ad opera di emissari di Berlusconi. Sebbene Berlusconi sia uscito indenne (per prescrizione) dall'accusa di corruzione, il suo ruolo nella corruzione è stato riconosciuto dalla Corte di appello civile di Milano: "*È da ritenere*, incidenter tantum *ed ai soli fini civilistici del presente giudizio, che Silvio Berlusconi sia corresponsabile della vicenda corruttiva per cui si procede*". Cfr. anche il brano 8.25, pag. 122

che vede in lui il re dei mentitori,
dice che, pur essendo in maggioranza,
    lui lascia a Monti il governo e gli onori.   25
Oh gran rinuncia ! Oh senso dello Stato !
Oh amor di Patria ! Avanti ai professori
    Silvio indietreggia, ché fu illuminato ...   28
da quale lume ? Forse, dal pensiero
che quando Monti avrà legiferato
    norme sgradite a molti, il cavaliero,   31
consultati gli aruspici e i profeti,
rinnovato il cerone, altero e fiero
    Masaniello novel, contro i decreti   34
del professore ingaggerà battaglia
per buttar giù, con catapulte e arieti,
    le porte donde uscì. La soldataglia   37
al soldo suo sarà cresciuta intanto,
ché lanci d'oro oltre la muraglia
    fra i campi avversi produrran l'incanto   40
che il cavalier, sdegnoso e tracotante,
d'aver più seggi menerà gran vanto.
    E Monti, governante dilettante,   43
novello Cincinnato, torni all'orto
e tutti tornin *in statu quo ante.*
    Ma stavolta mi sa che gli andrà storto.   46
    (*20 novembre 2011*)

8.39   Vertice segreto nel tunnel

Il 25 novembre 2011, Alfano, Casini e Bersani, per incontrare il Presidente del Consiglio Monti eludendo i giornalisti, arrivano a palazzo Madama attraverso il tunnel che parte da Palazzo Giustiniani

    Tra il palazzo dei padri coscritti   1
e l'austera magion Giustiniani,
si incontraron Alfano e Bersani
ché la terra si aperse per lor.
    Spento il lume alla torcia malfida,   5
sospettoso lo sguardo aguzzando,
le tenèbre sfidaro, eccitando

i famigli a virile sentir.

Oh qual orrido albergo si elessero   9
soffocando sgomento ed affanno
per la Patria, che da ora a un altr'anno
goder possa di sorte miglior !

Poscia giunse Casini, celato   13
dietro lenti più nere che pece,
che neppure la mamma che il fece
ravvisato l'avrebbe mai più.

Alla giacca abbassarono il bavero,   17
il cappello dagli occhi rimossero,
la parrucca dal capo si scossero,
il suo volto ciascun disvelò.

Quindi, ammessi all'augusta presenza   21
del rettore del patrio governo,
per i posti di sottogoverno
fiera lotta ciascun ingaggiò.

Alla fine trovaron l'accordo   25
(*dieci a me, dieci a te, cinque a lui*).
Lieti usciron da quei luoghi bui
ma l'Italia nel buio restò.

(*30 novembre 2011*)

8.40   Don Berlusca della Mancia
cerca invano un ristorante

Il 4 novembre 2011, al G20 che si svolge a Cannes, Berlusconi commenta così le voci di una presunta crisi che colpirebbe l'Italia: "La vita in Italia è la vita di un paese benestante; i consumi non sono diminuiti, i ristoranti sono pieni, per gli aerei si riesce a fatica a prenotare un posto, i posti di vacanze sono iperprenotati."

Andava a piedi un cavaliere errante   1
mentre un servo, recante spada e lancia,
calcava le orme delle amate piante.

Nomàvasi costui Gasparro Pancia   4
che un tempo era scudiero, ora è il badante
del cavalier Berlusca della Mancia.

Non fu la mente sua giammai brillante,   7

che più di lui mostrò sagace ingegno
il nobile destriero Ronzinante.

    Capì il cavallo, un dì, quant'era indegno   10
di sé servir l'errabondo signore,
onde a piedi lasciollo per il regno.

    Ma Gasparro, devoto servitore   13
dall'occhio obliquo, dall'enfiato labbro,
pien di zelo servile e di timore,

    gli regge ancor pitale e candelabro,   16
il càntaro[56] gli svuota, ognor zelante
quasi riveda in lui il figliol del fabbro[57].

    In una piana, al cavaliere errante   19
apparvero schierati a cento a cento
minacciosi giganti, e nonostante

    si cammuffasser da mulini a vento,   22
li riconobbe, alla falce e al martello
che invan tentar celare. Al gran cimento

    si offerse il cavalier; l'empio Rutello   25
quel dì sconfisse a singolar tenzone,
e Paperetto, e il prode Romanello[58].

    Per lui fu salva tutta la nazione.   28
Ora la sorte sua, ingrata e alterna,
vuol che appiedato cerchi imbandigione

    in trattoria o in ospital taverna,   31
ché la fame travaglia la sua pancia
più che dal volto fiero si discerna.

    Soffre la pancia, e il duolo suo rilancia   34
verso i precordi e tutte le interiora,
soffre il vassallo suo Gasparro Pancia.

    A un ristorante bussa, ma li ignora   37
l'oste, ché dentro è pieno di avventori
per ché trascura lui che bussa ancora.

    Tutti fecer così, i ristoratori: 40
non vi fu trattoria né ristorante
né McDonald's che aprisse ai viaggiatori.

    Ogni servente li caccia arrogante   43
urlando loro: *È tutto occupato !*

---

[56] Vaso deputato alla raccolta delle deiezioni umane
[57] Benito Mussolini era figlio di Alessandro, fabbro di Predappio
[58] Rutelli, Occhetto e Romano Prodi sono esponenti dell'opposizione a Berlusconi

e il cavalier, pietoso e conciliante,
    È vero, dice, *non ho prenotato,*   46
ma almen – vi prego ! – aprite per l'infante
che meco vien, Gasparro sventurato !

    Nessun gli aprì. Le loro stanche piante,   49
i piedi gonfi, cotti e maleolenti
non più li menan verso un ristorante.

    Come è costume presso gli indigenti,   52
vanno a bussar all'uscio di un convento,
sperando in frati pietosi e clementi

    che dònin loro frugale alimento.   55
Poi parlano di crisi ! Che ignoranza !
Dal cavalier ci vien l'ammonimento:

    Se crisi c'è, è crisi di abbondanza.   58
    (18 *dicembre* 2011)

Capitolo 9

Cronache del 2010

9.1   Semiramide

A vizio di lussuria fu sì rotta,
che libito fé licito in sua legge,
per tòrre il biasmo in che era condotta
        (*Inf.* V, vv. 55-57)

Dice il poeta che una gran mignotta   1
che – si dà il caso – era anche la regina,
    per torre il biasmo in che l'ebbe condotta
l'uso suo d'esser di ognun concubina,   4
decretò che era cosa degna e giusta
    l'arte di cavalcar la cavallina.
Dava l'esempio, la sovrana augusta,   7
scopando con chiunque le piacesse
    con voglia inesauribile e robusta.
Ordinò pure che nessun dicesse   10
che aveva fatto per sé quella legge.
    "Leggi ad personam *io ? Non si dicesse*
manco per scherzo ! Io son colei che regge   13
con amore il suo popolo e m'indigna
    quel che può dire qualche fuorilegge".
E, messa la parrucca sulla tigna,   16
seguita a fotter la grande sovrana,
    ché in lei decoro o onestà non alligna,
e come prima, è sempre una puttana.   19
    (*11 gennaio 2010*)

9.2   L'Ayatollah di Bulgaria

Il 18 aprile 2002, durante una visita in Bulgaria, Berlusconi dichiara:
"Biagi, Santoro e Luttazzi hanno fatto uso criminoso della televisione
pubblica. La dirigenza non deve permettere più che questo avvenga."

Invan l'ayatollah di Bulgaria	1
emanò una fatwa per chi osava	
diffondere nel mondo l'eresia.	
Bava per l'ira dal labbro colava	4
fin sul petto magnanimo, con fiele	
amarissimo mista, e lo inondava.	
"Io devo stare a reggere candele	7
mentre Santoro imperversa in tivvù	
e solo Bruno Vespa mi è fedele ?	
(di Emilio Fede, non ne posso più;	10
quando mi si avvicina ho l'impressione	
che mi voglia leccar dai piedi in sù)".	
Povero Silvio ! In ogni trasmissione	13
sente parlare solo comunista:	
"Ballarò, la Dandini . . . è un'ossessione.	
Poi c'è Sabina, la fondamentalista"	16
andava urlando pieno di disdegno,	
"una cosa così, dove si è vista,	
che si osi criticar, senza ritegno	19
il supremo rettor della nazione ?	
ormai costor han passato ogni segno !	
Mi vogliono impedir l'epurazione	22
di chi continua a parlar male di me,	
gli stalinisti dell'opposizione !	
La peggio stampa che nel mondo c'è	25
l'hanno comprata tutta i comunisti.	
Ora congiuran anche con l'UE,	
questi rompicoglioni europeisti !	28
E Bossi pure ! Cosa vuol da me ?	
Posso contare solo sui fascisti.	
Ciarrapico, Gasparri, Santanché,	31
malgrado che tu a me non me la dia[1],	

---

[1] Il 9 apr. 2008, la Santanché dichiara al *Corriere:* Berlusconi è ossessionato, ma non gliela dò

io vi ringrazio; Ignazio, grazie a te !
  Siete campioni di democrazia !   34
Non siete cani che non han padrone,
Voi che ci avete il meglio che ci sia !
  Non siete come il popolo coglione   37
che nega il voto al miglior presidente
che mai fu a capo di questa nazione[2] !"

  E mentre andava sù e giù furente,   40
due personaggi dal camice bianco
rispettosi gli disser *"Presidente,*
  è un onore per noi star fianco a fianco 43
al degno erede di Napoleone ..."
Questo finale, prima ch'io mi imbianco,
  possa esser vera, degna conclusione.   46
    (*23 giugno 2010*)

9.3   L'8 settembre di Berlusconi

Berlusconi si rifiuta di ricevere i terremotati aquilani venuti a mani-
festare a Roma sotto palazzo Grazioli

  Vittorio Emanuele *"baionetta"*   1
con i nazisti a Roma – è storia vera !
a Brindisi scappò, con tanta fretta
  che si scordò di prender la dentiera,   4
le maglie di ricambio, le mutande,
il trono, la corona e la bandiera.
  Come quel re, Berlusca è in ansia grande 7
ché fieramente teme del travaglio
che agita l'Aquila e cresce e si espande.
  Sia sempre pronto, con te, il tuo bagaglio 10
Silvio Berlusca, te lo raccomando;
oltre al ricambio, mettici il bavaglio:
  provalo anche tu, di quando in quando.   13
    (*21 luglio 2010*)

---

[2] V. nota 11 al brano 10.8, pag. 170

9.4   I quattro sfigati pensionati

*La sera del 23 settembre 2009, Verdini (coordinatore del PdL), ospita
a cena nella sua casa romana Arcibaldo Miller (capo degli ispettori del
ministero di Giustizia), Dell'Utri, Flavio Carboni e altri (la cosiddetta
P3). Discutono su come intervenire sulla Corte Costituzionale perché
non dichiari incostituzionale il lodo Alfano. Parlano di Berlusconi come
di "Cesare". Quando le loro trame vengono scoperte, Berlusconi ne par-
lerà come di "quattro sfigati pensionati"*

Povero Silvio, ormai è proprio andato.	1
Pensate che ha affidato il suo partito	
ad un vecchio sfigato pensionato,	
tale Verdini, tanto rimbambito	4
che una volta, contando i dimostranti	
che l'amore per Silvio avea riunito,	
disse ch'erano tanti, così tanti	7
che eran più di un milione certamente[3].	
A volte i vecchi diventano infanti,	
quando l'età gli ottenebra la mente	10
(Gasparri è certo immune da tal sorte	
ché non può rimbambir chi è già demente).	
Lo sfigato, per somma malasorte,	13
e tre o quattro altri sventurati	
respinti dalla vita e dalla morte,	
preser per gioco a fare i congiurati.	16
Il presidente della Cassazione[4]	
giocava con i quattro avvinazzati,	
con qualche presidente di regione,	19
con presidenti di corti d'appello,	
ma sol per fare un po' di animazione,	
giusto un po' di goliardico bordello,	22
pour parler, come dice Alfonso Marra[5],	
cui fu interrotto il gioco, sul più bello.	

---

[3] Cfr nota 51 al brano 8.36, pag. 133

[4] Cfr nota 8.35 al brano 8.35, pag. 132

[5] Il 3 febbraio 2010, il Consiglio superiore della magistratura nomina Alfonso Marra alla presidenza
della Corte di Appello di Milano. La sua nomina era stata caldeggiata dai membri della cosiddetta
P3. A uno di costoro (tale geometra Lombardi, giudice tributarista), Marra aveva parlato di alcuni
membri del Csm contrari alla sua nomina usando espressioni come *"Ci facciamo a Berruti ... li
bruciamo vivi"*. Quando Antonella Mascali, giornalista del *Fatto Quotidiano* gliene chiede conto, dice
che era *solo un pour parler*. V. link: http://www.youtube.com/watch?v=vbnVLZ4LH3I

Dell'Utri infatti, a quello che si narra,   25
avea proposto agli altri un nuovo gioco,
vestendo la senile sua zimarra

   e la coppola in testa: *"Uno fa il cuoco*   28
che per Cesare, il dì della vittoria,
cucinò laborioso presso il fuoco.

   Gli altri, per gioco, cambiamo la storia.   31
Lottiamo contro Bruto e i comunisti,
amari più che il fiele e la cicoria.

   Presi dal gioco, i poveri alcolisti,   34
Carboni con Lombardi e i nominati,
divennerò così telefonisti,

   tutti impegnati a infastidir prelati   37
e laici d'ogni sorte e condizione,
pur di sventare fantasiosi agguati

   contro il divino Cesare. L'azione   40
dei poveri sfigati rimbambiti
non sfuggì all'arcigna opposizione.

   Poveri vecchi ! Li hanno aggrediti   43
quasi che congiurassero davvero
quando giocavan, leggeri e svaniti

   credendo di cambiare il mondo intero.   46
   (*6 agosto 2010*)

9.5   La vocazione dei discepoli

Nelle prigioni, con sagacia insonne,   1
nella P2, tra taverna e bordello
cercò Berlusca le degne colonne

   a cui lui fosse degno capitello.   4
Così trovò Scajola, l'alienato
che non sapeva che un grande fratello

   la casa – a sua insaputa – avea pagato[6].   7
Usava amministrare sacramenti
quali baratteria e peculato,

   padre Branchèr[7]; per questi precedenti,   10

---

[6] Vedi il brano 8.34, pag. 131

[7] Branchèr, ex prete, condannato in due gradi di giudizio per falso in bilancio e finanziamento illecito, fu poi prosciolto in Cassazione per prescrizione e sopravvenuta depenalizzazione. Nel 2010, alla vigilia di un altro processo a suo carico, Berlusconi lo nomina ministro di un ministero non

– merito grande agli occhi del padrone –
passò da San Vittore a più accoglienti
   palazzi, a rinforzare lo squadrone   13
dei galeotti fatti governanti.
Non era questa ancor la coalizione
   che Berlusca sognava; anni avanti,   16
voleva far ministro di giustizia
il gran maestro dei ladri e dei furfanti:
   profittando costui della puerizia   19
di una giovin di cui era tutore,
fece sì che la casa gentilizia
   costei vendesse a un giovin costruttore   22
(Berlusca, per l'appunto) a prezzo vile[8].
Poi, da scudiero di tanto signore,
   novella prova diede del suo stile,   25
comprando per il capo una sentenza
da un giudice dal fare mercantile[9].
   Dopo il fiele di tanta putrescenza,   28
altri frutti ci diè d'amaro tosco
l'albero dalla mala infiorescenza.
   Mentre andava esplorando il sottobosco   31
della suburra, vide in un tombino
proglottidi di tenia. *"Ti conosco !"*,
   al parassita disse, *"Cosentino*[10] *!"*   34
Disse il verme cortese: *"È casa tua*
questa mia fogna, amico meneghino".
   Così, seguendo la parola sua,   37
si indentrò nella merda con piacere,
dove camorra alla mafia s'addua[11].
   Vide Dell'Utri e l'eroico stalliere[12],   40

---

identificato, pur di farlo beneficiare del privilegio del *legittimo impedimento,* che è riservato ai ministri.

[8] Quando la figlia del marchese Casati Stampa eredita il patrimonio di famiglia, è ancora minorenne. L'avv. Previti, che le fa da tutore, la convince a vendere la tenuta di San Martino (il cui valore è stimato in 1 miliardo e 700 milioni) a Berlusconi, che la acquista per 500 milioni di lire

[9] Il 30 aprile 2003, il tribunale di Milano condanna Cesare Previti per corruzione giudiziaria: nel corso di un precedente processo dinanzi alla Corte di Appello di Roma, Previti aveva pagato un giudice, perché la Mondadori venisse assegnata a Berlusconi anziché a De Benedetti.

[10] Cosentino: sottosegretario con Berlusconi dall'aprile 2008; su di lui pende mandato di cattura per mafia (convalidato dal Tribunale della Libertà e dalla Cassazione). Fu intercettato mentre organizzava una campagna di calunnie contro un compagno di partito (http://espresso.repubblica.it/dettaglio/cosentino-meglio-tardi-che-mai/2130725//2)

[11] *dove camorra alla mafia s'addua*: dove la camorra si accoppia alla mafia

[12] Vittorio Mangano; v. nota 52 al brano 8.36, pag. 134

come già Dante vide Interminei
con Taidè nello sterco giacere[13].

    A entrambi disse *"Siate voi tra i miei;*   43
voglio che meco a Milano veniate.
Io sarò Caifa, voi i miei farisei".

    Disse a uno stercorario: *"Sian stampate*   46
due cose contro Boffo, che or ti dico".
"Onorato di far ciò che vogliate",

    l'ibrido disse scarabeo-lombrico,   49
e sotto dettatura del padrone,
come lui volle, calunniò l'amico.

    Non fu, quella calunnia, un'eccezione: 52
"Come facemmo a Boffo, adesso a Fini"
Stracquadanio proclama[14]. Lo squadrone

    conta or ben altro che ladri ed affini: 55
con la calunnia scritta nel programma,
fra tanti e tanti vice-berluschini,

    eccelle il nome suo. L'organigramma   58
del PdL lo porti al sommo punto,
quando la Parca spegnerà la fiamma

    che tien Berlusca ai vivi ancor congiunto,   61
che non c'è ladro o falso o prosseneta
o corruttore in nome del defunto

    che sia più degno d'esserne il profeta.   64
    (9 agosto 2010)

9.6 Gheddafi

Il 29 agosto 2010, il leader libico Gheddafi arriva a Roma. Lo scortano trecento donne: le sue guardie del corpo. Soggiornerà nella tenda beduina montata presso la residenza dell'ambasciatore libico. Arrivano pure trenta cavalli berberi che si esibiranno nelle manifestazioni per il trattato di amicizia italo-libico. Cinquecento ragazze italiane assistono a un sermone del colonnello sulla fede islamica, in cambio di 70 euro ciascuna. Gheddafi auspica la conversione dell'Europa all'Islam

---

[13] Alessio Interminei e la puttana Taide: Dante li incontra tra gli adulatori, immersi nello sterco (*Inf.* XVIII, vv. 100-136)

[14] V. nota 2 al brano 7.8, pag. 86

Ai maniaci del sesso basta il fiuto   1
per riconoscersi come fratelli,
come Berlusca e il beduin venuto
    dal deserto di Libia con cammelli,   4
col tendone da circo e con cavalli.
Inappagato dai patrii bordelli,
    cercò costui ristoro in altri stalli,   7
finché trovò un italo buffone
con il codazzo dei suoi marescialli,
    che innanzi a lui si mise ginocchione,   10
gli prese la sua destra tra le mani,
gliela baciò [15]. Non vi fu mai coglione
    maggior di lui, né vi sarà domani,   13
per vergogna del popolo italiano,
dei buffoni da circo e dei caimani.
    Il libico seguace del Corano   16
profetizzò che presto ogni europeo
smetterà, insh'Allah, d'esser cristiano
    e, trasformata ogni chiesa in museo   19
ovver moschea, sarà circonciso.
Come vuole il novello galateo,
    un velo celerà a ogni donna il viso.   22
Trecento donne ha portato con sé
(con quante il suo giaciglio ha già diviso ?)
    ma, da uomo insaziabile qual è,   25
ne volle ancor cinquecento, avvenenti,
cui si è degnato far dono di sé
    e del tesoro del suoi insegnamenti   28
sopra il santo Corano ed il profeta.
Come mai, Mohammar, tu ti accontenti
    di esser solo alle donne catecheta ?   31
Certo, più che il frutto del banano
quello del fico ti sazia e ti asseta,
    ma che c'entra tal frutta col Corano ?   34
Se siam figli di Dio uomini e donne,
perché c'è intorno a te odor profano,
    che sa poco di Dio, molto di gonne   37

---

[15] Il 27 marzo 2010, al vertice della Lega Araba che si svolge a Sirte, Berlusconi si produce in un plateale baciamano al colonnello Gheddafi:
http://www.youtube.com/watch?v=jPrnQ0g7sLA&feature=related

o altre vesti muliebri, e di follia ?
Solo l'Islam tu dici che alle donne
   riserva onore, grazie alla Sharìa.   40
Sono tutte d'accordo ? Pure quelle
che han conosciuto la misoginia
   che le ha condotte al boia, che la pelle   43
hanno ridotta a piaga purulenta
poiché scordarono d'essere ancelle
   (ma una frusta, insh'Allah, glielo rammenta)   46
son d'accordo con te ? Le cinquecento
che hai pagato perché ognuna attenta
   si fingesse con te, ti fan contento ?   49
Quanto poco ti basta, colonnello !
Piuttosto, ascolta il mio suggerimento:
   Se a Silvio volgi un accorato appello,   52
credo sia pronto ad aggiungersi ai tanti
che per fede ti tengon per fratello.
   Tu, per incoraggiarlo, fatti avanti   55
con trecento odalische per presente,
o quattrocento; siano abbondanti,
   e tu vedrai il vecchio fraudolente   58
col culo in aria, lodare il Profeta
e professarsi devoto credente,
   il più devoto di tutto il pianeta.   61
    (*3 settembre 2010*)

9.7   Io non compro deputati !

   Chi ha detto che io compro i deputati ?   1
Dice indignato il mercante di vacche;
e ha ragion, che i suoi nuovi affiliati
   puzzan di stalla, di orina e di cacche   4
o del fetore di vecchia puttana.
Sembrano deputati e son baldracche,
   aggiunte a rinforzar la carovana   7
dei vecchi mercenari per argento
e un posto nella lista. Una puttana
   vende il suo corpo; questi, il tradimento.   10
    (*17 settembre 2010*)

9.8   Cuffaro e Storace vengano con me

Mentre si aggrava la frattura con Fini, Berlusconi arruola Cuffaro, eletto nell'UdC di Casini, già condannato per mafia e il neofascista Storace

Se offersi a qualche amico del contante,   10
fu solo in segno di pura amicizia.
scopersi anime buone, tante e tante
     che già colpì inquisitorial nequizia,   13
come quel bravo giovin, quel Cuffaro
che non conosce inganno né malizia;
     forse goloso, forse cannolaro   16
per quei cannoli, che mangiò in letizia
poiché gli dettero soltanto un paro
     d'anni di pena[16]. Spirto di giustizia   19
mi indusse a fare entrar pure Storace
tra i bravi miei, ché con la sua milizia
     si dimostrò spiritoso e pugnace   22
e insieme a lui io risi a crepapelle
quando alla Montalcini, con mordace
     gesto, donò un paio di stampelle[17].   25
          (*19 settembre 2010*)

9.9   Il giuramento di Berlusconi

"Su di me cada il giudizio di Dio   1
se so chi sia quest'avvocato inglese;
come si chiama ... Mills ? non certo io
     gli chiesi di creare quelle imprese   4
con sede offshore, non chiesi i suoi consigli
per celare i miei beni al mio paese.
     Lo giuro sulla testa dei miei figli" !   7
E quelli, con le mani sulle palle,
un po' sbiancando, un po' fatti vermigli,

---

[16] Il 18 gennaio 2008 Cuffaro – all'epoca, presidente della Regione Siciliana – è condannato per favoreggiamento a 5 anni; pare che abbia festeggiato con cannoli. Ma il 23 gennaio 2010, la Corte d'Appello è più severa: sono 7 anni (che il 22 gennaio 2011 saranno confermati in Cassazione)

[17] Nell'ottobre 2007, tra i senatori che sostengono il governo Prodi, c'è la prof.ssa Rita L. Montalcini. L'agenzia *La Destra* scrive: *La Destra regala stampelle ai senatori a vita: le prime alla Montalcini*

caddero esangui o di petto o di spalle.   10
  (*5 ottobre 2010*)

9.10   Mons. Fisichella contestualizza

*"Bisogna sempre contestualizzare le cose; non bisogna da un lato diminuir
la nostra attenzione, quando siamo persone pubbliche, a non venir meno
a quello che è il nostro linguaggio e la nostra condizione; dall'altra dob-
biamo essere capaci di non creare delle burrasche ogni giorno per stru-
mentalizzare situazioni politiche che hanno già un loro valore piuttosto
delicato"*. Così si esprime Mons. Fisichella, riferendosi alla barzelletta
con bestemmia finale raccontata da Berlusconi

 "Non nominare il nome mio invano";   1
recitava così un comandamento
che Berlusca violò, ma il cappellano
 ci dette l'ispirato suo commento: 4
"La bestemmia del capo del governo,
se valutiamo con pio discernimento
 quanto diverso sia scherzo da scherno,   7
non fu, se bene contestualizzata,
cosa che offese invero il Padreterno".
 Poi che cosse da un lato la frittata,   10
maneggiando con arte la padella
pure dall'altro, poi, l'ha cucinata:
 "Or, non sia mai che un'infausta procella   13
sul governo si abbatta e che lo affondi".
La Chiesa, dunque, sia devota ancella
 di Berlusca, lo ami e lo assecondi,   16
secondo questo avvocato d'ufficio,
non curi il suo parlar da bassifondi,
 non tralasci il devoto meretricio   19
che le assicura potere e moneta.
Scordi Cristo, per questo beneficio.
 Per questo, invano si sdegnò il poeta[18].   22
(*6 ottobre 2010*)

---

[18] *Inf.* XIX, 106-111: *Di voi pastor s'accorse il Vangelista / quando colei che siede sopra l'acque /
puttaneggiar coi regi a lui fu vista; / quella che con le sette teste nacque, / e da le diece corna ebbe
argomento, / fin che virtute al suo marito piacque*

9.11 Postribolo o manicomio ?

Il 30 settembre 2010, Berlusconi svela in Senato che lui in persona ha parlato con Obama per convincerlo a varare il piano che ha salvato le banche americane, ha convinto Putin a non attaccare la Georgia, ha fatto pressioni su Obama e Putin perché firmassero il trattato sulla riduzione degli arsenali atomici prima del G8 dell'Aquila[19]

Lo psichiatra di Silvio sta impazzendo,   1
ché non controlla più il suo paziente:
spara minchiate in continuo crescendo,

   vero e sogni confonde; è sofferente   4
senza averne coscienza, ed il suo stato
è irreversibilmente ingravescente.

   L'han visto in Parlamento addormentato;   7
poi si è svegliato (o forse no), convinto
di essere stato lui quel che ha salvato

   le banche americane, già in procinto   10
di fallir, se non fosse intervenuto
coi suoi consigli a Obama. Il labirinto

   delle sue fantasie l'ha già fottuto: 13
non ne esce più; ci ha pure raccontato
un altro vanto suo, misconosciuto.

   A Obama e Putin disse: *"Quel trattato*   16
sui missili, se voi non lo firmate,
non vi voglio al G8 ! Vi ho avvisato !"

   A questa intimazion, quelli *"Scusate"*,   19
dissero in coro a Silvio, *"Silvio caro,*
fate conto che già sono firmate

   tutte le carte" e corser dal notaro   22
in lieta gara, a quello che ne narra
l'ineffabile nostro pataccaro.

   Questi ci dette già buona caparra   25
dei deliri che stava elaborando
quando a Putin gridò: *"Qui non si sgarra !*

   Lascia Tiblisi !" - *"Me ne stavo andando"*   28
rispose il russo, diventando rosso,
sempre pronto a ubbidire al tuo comando".

---

[19] Dall'aprile 2009 è attivo un *Comitato per il Nobel per la pace a Berlusconi* presieduto dal prof. Zichichi

Per questo un medico sta sempre addosso   31
al Berlusca con fiale e con goccine
e psicofarmaci presi all'ingrosso.
    Ma forse è meglio cambiar medicine.   34
      (*29 ottobre 2010*)

9.12   Berlusconi telefona in Questura

Vedi l'introduzione al brano 8.13, pag. 106

Il Signore di Arcore è un uomo   1
tanto ricco, ma tanto, di cuore,
che per compiere un atto d'amore
quella sera il Questore chiamò.
    Lo chiamò ché smarrita fanciulla   5
il suo nome invocava a soccorso,
ché la legge, col duro suo morso,
la teneva in questura a languir.
    A sentire gridare *"M'aiuta !"*   9
si commosse quel core paterno,
prevedendo il casino dinferno
in cui stava per precipitar.
    Disse dunque che al Sire d'Egitto   13
la traviata fanciulla era figlia:
"La prudenza che il caso consiglia
sono certo che Lei userà.
    Temo infatti che infausti eventi   17
– Lei mi intende … – potranno accadere
se Ella qui continuasse a tenere
la nipote di Hosnì Mubaràk".
    Il sagace questore, a quei detti,   21
fece gesti di occulto esorcismo;
poi, dimesso ogni vil tatticismo,
a Berlusca da sbirro parlò:
    "Dì piuttosto che ti ha minacciato   25
questa notte, la tua marocchina:
'Fammi uscire, o domani mattina
tu sarai nella merda con me'.
    Ma io sono un uomo di cuore   29

e ti voglio aiutare, Berlusca.
E se ognun qualche cosa ci busca,
soluzione migliore non c'è".
    Così, Ruby lasciò la questura,   33
salì ancora di un grado il questore,
Berlusconi ebbe salvo l'onore,
nella merda l'Italia finì.
    (3 novembre 2010)

9.13   La mafia contro Berlusconi

Il 5 novembre 2010, il quotidiano *il Giornale* pubblica un brano di una dichiarazione resa da Berlusconi alla direzione Pdl: *"Visti i colpi che stiamo infierendo* [sic] *alla criminalità organizzata, nessuno oggi può con certezza escludere che alcune cose che accadono siano frutto della vendetta della malavita"*

    Provenzano, una mattina,   1
convocò la marocchina
    e con perfide blandizie
e minacce surrettizie,
    la convinse: *"Emilio Fede*   5
ti darà degna mercede
    se sarai tanto gentile
col padrone dell'ovile"
    ed infine le comanda: 9
"Devi dire, a chi domanda,
    che, anche se non ti assomiglia,
di Mubarak sei la figlia".
    Ubbidiente, la fanciulla   13
dall'identità fasulla,
    bussò ad Arcore, alla porta
del Signor di Gamba Corta.
    Folgorante, lui dal trono   17
di sua vista facea dono
    alla folla dei gregari,
parassiti e flabellari.
    Il fedele Capezzone,   21
stando sempre ginocchione,

il turibolo agitava
sì che l'aere olezzava
    di soave odor d'incenso   25
tra donnine d'ogni censo.
    Stava ai pie' del seggiolone
Sandro Bondi a pecorone
    onde far di sé sgabello   29
al suo sire. Quagliariello
    suscitava col flabello
un soave venticello
    per far dono d'aria fresca   33
al signore d'ogni tresca.
    La funzione di Cicchitto
era sol di stare zitto
    (neanche Silvio sopportava   37
le minchiate che sparava).
    Lì, Gasparri con La Russa,
con indomita e inconcussa
    fedeltà, reggon la coda   41
stando all'una e all'altra proda.
    Alla fin Berlusca chiede:
"Chi manda oggi, Emilio Fede ?"
    Fa, strisciando, Lele Mora: 45
"Una bruna giunse or ora:
    occhi neri, lunghe ciglia,
di Mubarak è la figlia".
    Così il satiro infoiato   49
dalla mafia fu ingannato.
    Come pure l'altra volta:
va a Casoria[20], parla, ascolta
    ed un tipo, un sedicente   53
funzionario, un dirigente
    del partito ben in vista
(che di Craxi era autista)
    lo intrattiene, lo consiglia,   57
gli presenta anche la figlia.
    Il buon Silvio, credulone
(e – mi pare – un po' coglione)

---

[20] Per questo altro episodio che vede Berlusconi implicato con una minorenne, v. l'introduzione al brano 10.4 (pag. 165)

scopre infin che l'ha ingannato 61
un volgar pregiudicato.
   Il migliore presidente
che ci sia nell'Occidente
   (va da sé, anche in Oriente) 65
sarà pure un po' demente,
   ma chi ha cuor sincero vede
che sbagliò, ma in buona fede !
   (*domenica, 28 novembre 2010*)

9.14   Invito a pranzo per i nuovi cardinali

Berlusconi invita a pranzo dieci prelati italiani, neo-proclamati cardinali. Li accompagnano il cardinale Bertone e il segretario della CEI, mons. Crociata. Berlusconi è accompagnato da Gianni Letta, dai ministri Alfano, Tremonti, Gelmini, Romani e dal sottosegretario Bonaiuti (9 dicembre 2010)

   I dieci cardinali[21] 1
in fila per tre col resto di uno
da lieti commensali
andaron da amici, a un lieto raduno.
   Il cardinal Bertone 5
marciava alla testa insieme a Crociata
e dietro a sé il plotone
dei neo-porporati in lieta brigata.
   Varcarono il portone 9
in fila per tre col resto di uno.
Con grande devozione
baciò Berlusca la mano ad ognuno.
   Devoti e compiaciuti 13
Alfano, Tremonti, Letta, Romani,
Gelmini e Bonaiuti
baciaron, baciaron tutte le mani.
   Sbavaron sette volte 17
dodici mani con dodici baci;
ottantaquattro volte
siglarono il patto porpore e orbaci.

---

[21] Si canti sul motivo dei *44 gatti*, celebre canzoncina dello *Zecchino d'Oro*.

Ciascun prelato intinse   21
nel piatto comune un pezzo di pane;
poi il collo ognun si cinse
di un Cristo pendente: dieci collane.

    Berlusca possedeva   25
in gran quantità gioielli e collane
che offrire poi soleva
a minorenni, prelati e puttane.

    In queste aveva aggiunto   29
un Cristo pendente d'oro zecchino
che lui donò compunto
a ognuno dei dieci col capo chino.

    Da solo, Fisichella   33
il pane intinse, contestualizzando[22]
nell'ampia sua scodella
ma unito in spirito, orando e mangiando.
    (*12 dicembre 2010*)

9.15 Consigli disinteressati

    Le vacche che il mandriano comprò in fiera   1
per coprire di merda il Parlamento
e per scansare ancora la galera,
    certo lasciaron qualcuno scontento.   4
Sarebbe invero iniquo precedente
che agli eletti dell'ultimo momento
    Silvio abbia pagato prontamente   7
il mutuo della casa e un lauto ingaggio
e a chi lo serve sempre fedelmente,
    neppure di un capretto ha fatto omaggio.   10
Non è giusto, Berlusca, mi consenta,
fare a chi le è devoto questo oltraggio.
    Se non vuol che qualcuno si risenta,   13
regali, come a Razzi, una casetta
che l'amicizia rafforza e cementa,
    o l'amor di venale donzelletta   16
(per questo, non le serve il mio consiglio,
sa ben che è cosa più che ogni altra accetta):

---

[22] V. introduzione al brano 9.10, pag. 151

una che arriva, che ti dà di piglio,   19
ti scaraventa sul letto e ti sussurra
"Quanto sei forte, papi..." in un bisbiglio.

Lo dica a Tarantin, che la suburra   22
conosce bene, quanto Fede e Mora[23]
che la donna di classe e la buzzurra

le procuraron già, ché lei devoto onora   25
chiunque, purché porti la gonnella.
Oppure, faccia come fece allora

che un senatore smaniava per quella   28
capricciosa velina che in tivvù
voleva andare, la povera stella,

e gli diceva: *"Non mi avrai mai più*   31
se non entro in tivvù; trova una via !"
Lei fece allora di tutto e di più,

telefono a Saccà[24] (anima pia !)   34
che la fanciulla assunse; il senatore
godette il frutto della mezzania

e cambiò di casacca e di colore.   37
(*17 dicembre 2010*)

9.16   Piena è la stalla

Piena è la stalla. Gongola il vaccaro   1
per il soave olezzo di escrementi
dei suoi ultimi acquisti. Assai gli è caro

il tintinnar dei sonagli pendenti   4
dal collo ai nuovi capi, coi cui voti
può surrogare i fuggitivi armenti.

Vedi venir muggendo Scilipoti,   7
schiumante di furor, per l'ira accolta
nel magnanimo petto. Tra i devoti

di Berluscon, secondo che si ascolta,   10
vuole talun che per la vil moneta
lui si aggregasse, e par che fosse molta.

---

[23] Il 22 luglio 2013, il tribunale di Milano condanna Emilio Fede, Lele Mora e il consigliere regionale Nicole Minetti per avere collaborato in un *"sistema prostitutivo apparecchiato per il soddisfacimento del piacere sessuale di Silvio Berlusconi"*. Il 26 aprile 2012 la Procura di Bari ha chiesto che Tarantini sia processato per aver reclutato delle prostitute per Berlusconi

[24] V. brano 11.3, pag. 176

Ferito è nell'onore, e non si acquieta   13
e protesta e s'indigna e fa schiamazzi,
ché lui si mosse inver sol per la pieta

    della patria in periglio. Antonio Razzi[25]   16
con solidale sdegno insiem muggisce
ché non fu né per ville o per palazzi

    che sostiene il governo. Si eccepisce   19
che Berlusconi il mutuo gli ha estinto ?
Pura amicizia fu, come capisce

    uno che il grugno nel troguolo ha spinto   22
trovandovi alimento a lui conforme:
Stracquadanio, grugnendo dal recinto

    dove i maiali segnan le loro orme,   25
dichiara che chi paga un deputato
per il suo voto, non lede le norme

    del vivere civile ed ordinato,   28
così come una donna che si venda
per diventare ministro o deputato

    non merita nessuna reprimenda.   31
Per non esser da men, ecco Cicchitto
che, come un ebbro espone le pudenda

    che pudore non ha, anziché star zitto   34
s'indigna che un P.M. [pi-em] voglia capire
se qualche deputato ebbe un profitto

    per il qual patteggiò di divenire   37
stampella che a Berlusca dà sostegno.
Sonoro oltre il muggire ed il grugnire

    raglia Brunetta senza alcun ritegno: 40
"Cosa pretende questo pecorame
di studenti vocianti oltre ogni segno ?

    Non ne possiamo più di culturame,   43
di insegnanti, di artisti e di scienziati,
dei lor proclami e delle loro trame"[26].

    E Tremonti conclude: *"Sian tagliati*   46
i fondi a chi non produce contante

---

[25] Il 16 settembre 2010, Razzi, deputato *IdV*, rivela che gli è stata offerta la rielezione in Italia e il pagamento del mutuo che ha contratto per la casa se passa con la maggioranza. Ma lui ha rifiutato dicendo *"… Non mi si compra così, non sono una merce ma una persona. Resterò nel mio partito fino alla morte"*. A dicembre voterà in favore di Berlusconi. Vedi al link: `http://www.vip.it/pdl-tenta-corruzione-di-antonio-razzi-video/`
[26] V. nota 6 al brano 10.5, pag. 167

come son, per esempio, i letterati.

Non si mangia un panin con dentro Dante"[27].

(21 dicembre 2010)

---

[27] Dichiarazione del ministro Tremonti: *"Non si fanno panini imbottiti con la Divina Commedia"*

Capitolo 10

Cronache del 2009

10.1   Brunetta il circense

"Se uno fa il professore, il burocrate, l'impiegato al catasto si vergogna di dire quello che fa. Se invece dice al figlio: "Faccio il tornitore alla Ferrari", lo dice con il sorriso, con orgoglio e dignità. Dobbiamo uscire dalla crisi con un paese diverso; dobbiamo instillare il senso di responsabilità con un bastone. E la carota è l'orgoglio". (Renato Brunetta, ministro della Funzione Pubblica; *la Repubblica*, 12 gennaio 2009, p. 9)

Si racconta che ha detto Brunetta
che chi serve lo stato ha vergogna,
che si sente aggiogato alla gogna
se rivela il lavoro che fa.

1

Professori, burocrati, uscieri,
impiegati di ruolo al catasto
celan che, per un misero pasto
han venduto il decoro e l'onor.   5

Vanno in giro con far circospetto,
dicon *"Vado ..."* e non dicon mai dove.
Lenti scure hanno anche se piove,
e il cappel con le falde all'ingiù.   9

Alla giacca hanno il bavero alzato,
anche il naso lor tengon nascosto.
Non si spoglian neanche in agosto,
come un tal che conosco assai ben.   13

Se il tapino al questore fa istanza
che concesso gli sia il passaporto,
gli è cagione di grande sconforto   17

dichiarare il lavoro che fa.
    Con un soffio di voce lo dice,   21
grave il cuore di ontosa mestizia,
ché patisce l'amara nequizia
di dovere lo stato servir.
    Lo conforta saper che lo svela   25
a qualcun che con lui condivide
il suo fato, che forse sorride
(cattiveria, oppur complicità ?)
    La consorte devota lamenta   29
La sgualdrina che abita a fianco
ha il marito che fa il saltimbanco
e l'amante alla bisca è croupier.
    Me l'ha detto orgogliosa e beffarda,   33
poi ha aggiunto, con tanto veleno
'Non è certo il tuo uomo da meno;
Il mestiere che fa mi vuoi dir ?'
    Ma Brunetta il rimedio ha già pronto: 37
alternando carota e bastone,
lo statale, per quanto coglione,
grazie a lui troverà dignità.
    Crede d'esser a piazza Venezia,   41
donde, ritto al fatale balcone,
pugni ai fianchi, alla popolazione
volge fiero il cipiglio sever.
    Forse al circo lavora Brunetta.   45
Come Ettorre lui doma i cavalli
che, lasciati riottosi gli stalli,
ora corron, or devon saltar.
    Con carote, Brunetta, e bastone   49
vuoi instillare all'ignavo statale
sano orgoglio, rialzargli il morale,
ed accrescere in lui dignità ?
    Ma va al circo, va a fare il buffone.   53
Non occorre che tu ti travesta,
che ti trucchi la faccia e la testa:
come sei basta t'abbia a mostrar.
    Che spettacol sarebbe vederti   57
a caval di un selvatico mulo

uso a prendere a calci nel culo
chi, imprudente, l'osò calvalcar !

    E cavalca, cavalca, cavalca ...   61
"Ma chi è mai quel buffone novello ?
Io dal ridere già mi smascello.
Sono certo, non è un fannullon".

    Sarìa questo l'acuto giudizio   65
che darebbe l'ozioso statale
se potesse tirar su il morale
con te intento al circense lavor.

    Ma se il circo non ami, che almeno   69
dalle balle ti tolga al più presto.
Che prodigio sarebbe mai questo,
qual ristoro alla mia dignità !

    Questo sì, rialzerebbe il morale,   73
questo sì, che darebbe più gusto
a chi vive col sommo disgusto
di vederti e sentirti parlar.
      (*12 gennaio 2009*)

10.2   Decreto-Legge per Eluana Englaro

Eluana Englaro è in stato vegetativo irreversibile da 17 anni. Il padre chiede al giudice l'autorizzazione a interrompere l'alimentazione forzata a cui la figlia è sottoposta. La Corte di Appello di Milano accoglie la richiesta, ma il 6 febbraio 2009 il governo approva un decreto-legge per fare proseguire l'alimentazione forzata

    I preti stanno ormai dentro il governo.   1
Ci hanno infiltrato un loro sacrestano[1]
che non conosce Cristo o Padreterno.

    Ma questo conta poco. Al Vaticano   4
importa solo il gusto del comando.
Oggi, per loro, Cristo è morto invano.

    Se fosse il regno mio di questo mondo ...   7
      (*6 febbraio 2009*)

---

[1] V. brano 10.3, pag. 164

10.3 Berlusconi contro "Avvenire"

1

Alla fine, gli è uscito il naturale.
Basta inghiottire sempre, esser clemente
anche con chi nel suo cuor ti vuol male,

4

   basta fare buon viso a ogni accidente,
come quando al tedesco replicò,
col suo consueto garbo, gentilmente,

7

   consigliandogli il ruolo di kapò.
Pure i vescovi adesso gli son contro,
contro di lui, che mai gli detto no !

10

   Per il decreto Englaro[2], andò allo scontro
col Quirinale; volle far l'inferno
per dare ai preti un valido riscontro

13

   della sua fedeltà: dentro il governo
sembrò che fosse il loro sacrestano,
pur ignorando Cristo e Padreterno.

16

   Baciò devoto a ogni prete la mano,
baciò l'anello di ogni monsignore,
baciò il cordone di ogni francescano,

19

   per le scuole dei preti, fu datore
di pingui erogazioni, fu ruffiano
quanto di baci fu dispensatore.

22

   Cosa gliene è venuto ? Ha solo in mano
un foglio – l'Avvenir – che fa vedere
che Silvio si comporta da sultano,

25

   come un califfo tra le bajadere
non per lodar la sua virilità,
ma per chiamarlo a pratiche più austere.

28

   Che voltafaccia ! Che disonestà !
Non s'aspettava un tale trattamento
Dopo aver fatto tanta carità !

31

   Io li ho pagati !!! E loro, a tradimento,
van contro me per una notte brava !
Questo mi tocca per ringraziamento !

34

   Dalla sua bocca gli colava bava,
quando mandò a chiamare l'assassino
pronto a far ciò che ogni altro rifiutava,

---

[2] V. il brano 10.2, pag. 163

e gli ordinò di ammazzar Boffo Dino;   37
impresa invero nobile e onorata,
degna di chi è devoto a San Caino.

    Non era questi alla prima vaccata,   40
anzi al meglio di sé già si era espresso
quando la donna del capo, crucciata

    per quanto Silvio amava l'altro sesso,   43
aveva già punito dal giornale[3],
come aveva ordinato il capo stesso.

    Ora minaccia Fini: un memoriale   46
è pronto su di lui, ben custodito[4];
smetta di comportarsi così male

    e poi non dica *"Non mi hanno avvertito !"*   49
    (*8 settembre 2009*)

10.4   Silvio, Veronica e la minorenne

Il 27 aprile 2009, Berlusconi prende parte alla festa dei 18 anni di una ragazza di Casoria. Il 29 aprile spiega: "Quando ho telefonato al padre per dirgli che dopo tre ore sarei stato a Napoli, lui mi ha detto *'passa che c'è il compleanno'*. Li conosco da anni, il padre è un vecchio socialista autista di Craxi". *Ma Bobo Craxi smentisce che il padre della ragazza sia mai stato autista di suo padre*

    Alla corte che Silvio nutre e ostenta,   1
repertorio di frodi, vizi e inganni,
non c'è spazio per gente sonnolenta,

    ché sembran tutti in preda a gravi affanni   4
da quel dì che Veronica svelò
lo scempio che di Silvio han fatto gli anni.

    O lacrimoso il giorno che annunciò   7
la malanuova[5]: *Il satiro infoiato*

---

[3] Dopo che Repubblica rivela (28 aprile 2009) che Berlusconi ha festeggiato i 18 anni di una ragazza di Casoria, Veronica Lario, moglie di Berlusconi, dichiara: Mio marito non sta bene, frequenta ragazze minorenni. Subito dopo, Libero, giornale di Berlusconi, pubblica un articolo intitolato *Veronica velina ingrata*, con foto di 30 anni prima che mostrano Veronica che recita a seno scoperto

[4] Il 14 settembre 2009, compare su *il Giornale* il seguente avvertimento rivolto a Fini: *"Ricordi che delegare i magistrati a far giustizia politica è un rischio. Specialmente se le inchieste giudiziarie si basano su teoremi. Perché oggi tocca al premier, domani potrebbe toccare al presidente della Camera. È sufficiente – per dire – ripescare un fascicolo del 2000 su faccende a luci rosse riguardanti personaggi di Alleanza Nazionale per montare uno scandalo. Meglio non svegliare il can che dorme."*

[5] V. nota 3 al brano 10.3, a pag. 165

frequenta minorenni ! Si portò
   guardie del corpo e servizi di stato   10
alla festina di un'adolescente,
e pur con Apicella ha duettato.

   Certo, l'età sua ingravescente   13
può essere che un po' l'abbia giocato
(qualcuno dice piano *"è un po' demente"*).

   Quanto ignobile gossip han montato   16
quelli della sinistra ! Il poveretto,
è andato a *Porta a Porta*, ove ha spiegato

   che da molti anni lui è amico stretto   19
del genitor della fanciulla, al quale
chiede consiglio su chi vada eletto.

   È chiaro, adesso ? Cosa c'è di male   22
se il capo del governo si consiglia
con uno che frequenta il tribunale

   (come imputato), e ne omaggia la figlia   25
e le promette un seggio in Parlamento ?
A un galantuomo che tiene famiglia,

   ora dan tutti addosso, a tradimento !   28
   (*5 ottobre 2009*)

10.5   Brunetta, iracondo guerriero

Botoli trova poi, venendo giuso,
ringhiosi più che non chiede lor possa
     (*Purg.* XIV, vv. 46-47)

   "Vadano tutti a morire ammazzati   1
quanti son di sinistra: sian registi
dalla faccina triste, o magistrati

   dalla testa montata, o giornalisti   4
parassiti e venduti, oppur statali
– di questi inetti, voglio un repulisti ! –

   Si facciano ammazzar gli intellettuali   7
e tutti quelli che gli vanno appresso:
tutti insieme mi lustran gli stivali,

   in passato, in futuro ed anche adesso,   10
con tutto quanto il loro culturame.

Usan la libertà che abbiam concesso
   per ordir contro Silvio le lor trame.   13
Questa è gente di merda !"[6] Che finezza !
In sì poco pensier, quanto letame !

   Che gran compattatore di monnezza !   16
L'iracondo guerrier par sempre intento
a sputare velen su chi disprezza.

   Ne trova sempre; aggiorna il censimento   19
di quelli destinati al suo furore
ogni mattina; poi, tutto contento,

   comincia a dare sfogo al suo livore   22
con raffinati insulti ipponattei;
così dopo sta calmo un paio d'ore.

   Ipponatte imparò a compor trochei   25
frequentando il bordello e la taverna,
dove si ingaglioffivano gli achei.

   Par che da lì provenga chi governa.   28
   (*5 ottobre 2009*)

10.6   Bossi, il sacerdote del Po

   Presso il Monviso officia un sacerdote   1
profeta del dio Po, che sacre ampolle
e sacri riti al figlio lascia in dote.

   Quanti boccali tracannò e grolle   4
per potersi ridurre a questo stato ?
Oggi disvuole ciò che ieri volle,

   oltraggia ciò per cui ieri ha giurato,   7
e di chi era mafioso di sicuro[7]
è oggi amico e fedele alleato.

---

[6]Il 19 settembre 2009, Renato Brunetta interviene al convegno PdL di Cortina: *"... in questo anno di grande crisi abbiamo visto élite irresponsabili come quelle della rendita parassitaria senza legittimazione democratica che ha pensato solo a come far cadere un governo che cominciava a colpire la rendita finanziaria e parassitaria; sono la cattiva stampa, che condizionano con i loro giornali la politica, è il cattivo sindacato che si fa usare ... un certo culturame parassitario vissuto sempre di risorse pubbliche e che ha sputato sentenze contro il proprio paese: quello che si può vedere alla mostra del cinema di Venezia; questi stessi autori, registi, nobili dalla faccetta sempre sofferente, che non hanno mai lavorato per una Italia migliore ! Non hanno mai lavorato ! Liberatevi – lo dico ai compagni della sinistra per bene – dell'abbraccio mortale di questi gruppi editoriali, abbandonate al destino suo schifoso questa élite di merda. A quella per male, vadano a morire ammazzati"*.

[7] Al Congresso Federale della Lega del 27 ottobre 1998, Bossi dichiara *"Berlusconi è l'uomo di Cosa Nostra"*. V. nota 47 al brano 8.33, pag. 130

C'è un punto sol sul qual questo figuro   10
mostra un'indefettibil coerenza:
che vi interessi o no, lui ce l'ha duro.
    (*5 ottobre 2009*)

10.7   Due sentenze contro Berlusconi

*La Corte Costituzionale dichiara l'illegittimità del lodo Alfano. Il giu-
dice civile Mesiano condanna la Fininvest a versare 750 milioni a De
Benedetti in risarcimento del danno arrecatogli con la sentenza compra-
ta con la corruzione del giudice Metta*

Ora Berlusca è incazzato di brutto   1
(da un giorno intero non pensa più al sesso).
C'è un giudice che vuol togliergli tutto
    quel che gli rese un imbroglio pregresso.   4
La Corte poi, che è un covo di serpenti,
manda un segnale ai giudici: è permesso
    ridar la caccia a Silvio; gli argomenti ?   7
Che tutti sono uguali per la legge !
A palazzo Grazioli son sgomenti.
    Il colpo è tal che lui quasi non regge.   10
Uguale agli altri, Silvio Berlusconi !?!
È cosa da briganti senza legge,
    da comunisti giudici forconi,   13
è un crimine di lesa maestà !
Già Sandro Bondi agli occhi ha i lucciconi,
    Gasparri turpiloquia in libertà,   16
Gianni Letta *"Perché ?"* chiede all'Eterno.
Col pensiero va qualcun un po' più in là,
    a cosa può succeder quest'inverno.   19
Tenendo d'occhio scialuppe e gommoni,
pensan già i sorci a lasciare il governo.
    Ma il capo ha spie fidate e informazioni   22
da far tremare tutti; un suo scherano
ha scoperto che, sotto i pantaloni,
    porta calze turchese, quel Mesiano[8]   25

---

[8] Il 15 ottobre 2009, va in onda su *Mattino 5* un servizio filmato sul giudice Mesiano, del tribunale
di Milano. Il magistrato – che aveva condannato la Fininvest a risarcire con 750 milioni la Cir per

che vuol fare lo scippo al principale.
Con notizie così, lo abbiamo in mano !
   Tremino tutti, in ogni tribunale !   28
     (*18 ottobre 2009*)

10.8   Dialogo tra Berlusconi e Ghedini

Quando vengono alla luce le frequentazioni di Berlusconi con minorenni e escort, i ricchi doni e le promesse di carriera politica con le quali usa gratificarle, Repubblica rivolge a Berlusconi dieci domande sull'argomento. Berlusconi risponde querelando Repubblica

   "Queste domande ancora ! Adesso basta !"   1
disse tra sé il tignoso, lamentando
di non potere fare una catasta
   di ogni foglio riottoso al suo comando   4
e col fuoco estirpare paro paro
quel dissenso, che è crimine nefando.
   Chiamato dunque il fido pandettaro,   7
gli ordinò che per lesa maestà
scontassero i cronisti un prezzo amaro:
   "Questi si prendon troppa libertà,   10
sono indiscreti, fan domande ardite
riguardo a ogni mio gesto di bontà".
   Parvero a questi detti incrudelite   13
da un sardonico ghigno compiaciuto
le sembianze dell'altro scheletrite.
   E dette il suo consiglio biforcuto: 16
"Non Repubblica sola e l'Unità,
ma pure l'Avvenir va combattuto.
   Sfasciamo insieme la cristianità.   19
Anche in Europa taccia chi dissente.
non siamo il popol della libertà ?
   Dei potenti, tu sei il più potente;   22
giornali, giudici, Europa, la Chiesa
vogliono star con noi ? Così o niente !"
   "Dici il vero Ghedini, che l'intesa   25

---

i danni arrecatile corrompendo un giudice – è stato pedinato a lungo finché non si è scoperto che porta calze color turchese

tra *Obama e Vladimir nacque per me*[9];
se in terra di Turchia ora si è accesa
   la fiamma del gas russo, fu per me[10].   28
Se tra Georgia e Russia or c'è amicizia,
questo avvenne per me, solo per me !
   Dei capi di governo, io son primizia.   31
Nessuno è pari a me nel mondo intero
se parliamo di etica e giustizia.
   Né parlo solo dei viventi; invero,   34
cosa fecero Moro oppur Giolitti
o De Gasperi, che dal cimitero
   invidian la sagacia dei mie'editti,   37
ch'io non facessi meglio di costoro ?
Nel confronto con me, sono sconfitti
   che nessun lavorò com'io lavoro,   40
fra i governanti, in centocinquant'anni[11].
Voglio che il papa, al primo concistoro
   mi faccia cardinal; ch'io vesta i panni   43
che usan portare i principi del clero.
Ma ch'io li vesta solo pochi anni,
   perché voglio il triregno, oltre il galero.   46
Voglio vedermi capo dei credenti:
io, titolar del sommo magistero,
   e tutti genuflessi e reverenti."   49
   (*20 ottobre 2009*)

---

[9]V. introduzione al brano 9.11, pag. 152

[10] Il 6 agosto 2009, il premier turco Erdogan e quello russo Putin firmano ad Ankara un accordo con il quale la Turchia accetta che un gasdotto (che sarà costruito da Eni e da Gazprom) porti il gas russo attraverso le sue acque territoriali. Berlusconi, che è stato presente alla firma, dichiara al TG1: *"Siamo orgogliosi perché si tratta di un grande successo della nostra azione e delle nostra diplomazia commerciale"*. Ma l'agenzia Reuters rivela che il governo turco ha reagito con stupore quando ci si è resi conto che Berlusconi, voleva rivendicare l'accordo come un suo successo personale

[11] Il 10 settembre 2009, a un giornalista del quotidiano *El Pais* che gli chiede se ha pensato alle dimissioni, Berlusconi risponde *"Le dico di essere stato e di essere di gran lunga il migliore presidente del Consiglio che l'Italia abbia potuto avere nei suoi 150 anni di storia"*

Capitolo 11

Cronache del 2008

11.1   Gelmini austera, d'arroganza cinta

Il neo-Ministro per l'istruzione, l'avv. Mariastella Gelmini, bresciana ma abilitata a Reggio Calabria, dichiara che le scuole della Sicilia, Calabria, Campania e Puglia sono di livello inferiore a quello nazionale; prospetta quindi l'opportunità di corsi di aggiornamento speciali dedicati agli insegnanti di queste regioni. Richiama pure alla necessità che nelle scuole si indossi il grembiule.

<table>
<tr><td>Gelmini austera, d'arroganza cinta,
di giuridico alloro coronata,
quanto temesti di essere respinta</td><td>1</td></tr>
<tr><td>nella Padania tua, allorché avvocata
volevi diventar ! Più convenienti
siti italici poi ti hanno ospitata[1].</td><td>4</td></tr>
<tr><td>Migrasti al Sud, in cerca di docenti
di infimo rango, da cui tu impetrassi
ciò che ti avrìan negato le tue genti.</td><td>7</td></tr>
<tr><td>L'Italia intera occorse che passassi,
finché posasti il virginal tuo piede
fra càlabri roveti, spine e sassi.</td><td>10</td></tr>
<tr><td>Quivi, gli studi tuoi ebber mercede
quale disiavi. Vivi complimenti.
Or, dall'eccelsa ministerial sede,</td><td>13</td></tr>
<tr><td>sdegnosa tu proclami incompetenti
gli insegnanti del Sud. Hai dichiarato,</td><td>16</td></tr>
</table>

---

[1]   Dopo la laurea in legge, la Gelmini si abilita alla professione di avvocato presso la Corte d'Appello di Reggio Calabria nel 2002. In questa città – spiega lei stessa – l'esame era più facile che a Brescia

alternando i sospiri coi lamenti,
    che il merito non è più rispettato.   19
Maestri incolti, occupato ogni scanno,
l'intero meridione han devastato,
    come locuste, il Nord devasteranno.   22
(Ma di una toga t'hanno rivestita
quei calabresi: han fatto proprio danno).

    E tu che insegni, e mai sei applaudita   25
a Casale di Principe o a Scampìa,
maestrina campana, che tradita
    ti senti per la gran vigliaccheria   28
di chi vuole che il popol s'addottrini
spiando cosa fanno e chi va via
    da una casa di vetro e che quattrini   31
elargisce a chi apre il pacco giusto;
che a San Luca, a Platì, a Canicattini
    con dedizione lavori e con il gusto,   34
malgrado l'obolo vil che ti danno
d'insegnar cos'è giusto e cos'è ingiusto
    (e la Gelmini aggiunge beffa al danno),   37
vuoi mettere chi è nato a Busto Arsizio ?
Loro dan lustro al lor beato scanno[2] !

    Chiunque insegni al Sud, a mio giudizio,   40
se si confronta a un di Abbiategrasso,
dovrebbe esser sospeso dal servizio.

    Quelli del Sud, ci stan lasciando a spasso !   43
Invadon da padroni il suol lombardo,
e per l'erario son solo un salasso.

    Si erga tra Nord e Sud un baluardo,   46
ché di Bossi il figliolo prediletto
bocciato non sia più da un infingardo[3]
    professore terrone, incolto e inetto,   49
inurbato dal Sud in val di Pado
senza saper usare il gabinetto.

    Pianti costui prezzemolo al contado   52
donde salì, non in vasca da bagno,
e faccia scuola a chi gli è pari in grado.

---

[2] *Loro fanno onore alla loro cattedra*

[3] Renzo Bossi, figlio di Umberto, dopo essere stato bocciato agli esami di maturità nel luglio 2007 e nel luglio 2008, ripeterà ancora le prove il 29 novembre 2008, con esito invariato

Salir si sente tormentoso lagno   55
di petulanti, noiosi precari;
se vanno via, per noi è un gran guadagno.

Tremonti vuol lontani i giorni amari   58
che un po' di soldi andavano alla scienza.
Brunetta vuole mandar via i somari.

Queste sono persone di coscienza !   61
Coi sullodati, garantiscon Bossi,
grave per la sua scienza e competenza,

Borghezio e Calderoli, altro che i rossi !   64
Maiani[4], la tua ora è già scaduta !
Circa i tuoi risultati eterodossi

non val che Glashow stenda una minuta   67
lodando te: Gasparri, che ha studiato
i quark con la Carlucci, ad insaputa

di tutti quanti noi, ci ha già spiegato   70
che sei ignorante, senza remissione;
lo dice pure Boschi, è dimostrato !

Faccian devota lor genuflessione   73
Agostino Saccà ed Emilio Fede,
onde mertar dal capo guiderdone.

Ma chi si mostra indegno a tal mercede,   76
chi il grembiule non vuol di Maria Stella,
o al Berlusca ricusa atto di fede,

per tale colpa – che non si cancella ! –   79
bulgaro editto[5] s'abbia urgentemente.
Così sarà l'Italia ancor più bella,

serva ed in mano a un vecchio fraudolente.   82
(25 ottobre 2008 - Giornata per la difesa della Scuola)

11.2 Maurizio Gasparri

Quando firmò il ddl governativo che concedeva a Berlusconi l'occu-
pazione delle frequenze, e quando poi si lamentò perché Fabio Fazio
invitava "chi voleva lui" a "Che tempo che fa" e quando infine dette
prova di grande scienza avversando, con la collaborazione di Gabriella

---

[4] Alla Commissione Istruzione della Camera, che deve ratificare la nomina del prof. Maiani a presidente del CNR, intervengono Gasparri e Gabriella Carlucci, contestandone la competenza. La Carlucci polemizza anche con il premio Nobel Glashow, che sostiene il valore scientifico di Maiani

[5] Cfr. Introduzione al brano 9.2, pag. 142

Fino a quando, Gasparri, la tua faccia   1
dovrem vedere ogni sera in tivvù ?
Apri la bocca: una fogna si affaccia
  e il fetore ci ammorba sempre più.   4
Bovino l'occhio, il muso da beota,
lo sguardo ottuso, dove non vi fu
  mai lume d'intelletto. Da zelota,   7
del Berlusca difendi gli interessi.
Ogni sera ci infliggi la devota
  perorazion *"pro domo sua"*. Gli stessi   10
discorsi fai che lui avrebbe fatto.
Telepatia ti guida ? Se togliessi
  all'apparecchio l'audio (l'ho già fatto)   13
quando, bramoso d'essere servile,
senza voglia o speranza di riscatto,
  siccome pecoron degno d'ovile   16
a parlare cominci, io per sicuro
saprei che dici. Par che un ciclostile
  produca i testi che, con ceffo duro,   19
onnipresente come Paolini[6],
propali a chi ti ascolta. L'abituro
  dell'umile, le case ed i casini,   22
la magion del potente e del borghese
son testimoni che, se t'avvicini
  a chi ti offre un microfono, il paese   25
cambia canal, dall'Alpi a Lilibeo.
Così, che ti ridusse ? Il mal francese
  forse ti risalì dal perineo   28
fino a piagar la cerebral midulla,
ché frequentasti venal gineceo,
  o cadesti da infante dalla culla,   31
o fu il vizio che è caro ai solitari,
che a te fa pari chi se ne trastulla ?
  Fabio Fazio ti dette giorni amari ?   34
Quanto mi duole ! Osò, quel comunista,
far parlar chi vuol lui ! Or non è guari,

---

[6] disturbatore professionista delle riprese TV

invitò Soru, e il cor mi si contrista. 37
Spiegagli tu cos'è democrazia,
allegando l'esempio di un fascista.

Il cavaliere, dalla Bulgaria[7] 40
cacciò Santoro e Biagi, che usar Rai
per divulgar criminosa eresia

a lui spiacente, che non dorme mai. 43
Ne viene, appena un po' sillogizzando,
che tal condotta a te dispiacque assai,

perché la voglia del capo è comando, 46
specialmente se parla di tivvù
e dissentire è crimine nefando.

Di servi come te, non ce n'è più ! 49
Vanne orgoglioso, Maurizio Gasparri,
fa come il capo: pollice all'ingiù

minaccioso tu mostra a chi fa sgarri 52
e per somma insolenza ancor pretende
che dall'erario pubblico accaparri

poiché tradì, pure le sue prebende. 55
Com'era fiero di te Berlusconi,
ché di firmar ti offristi, senza emende,

la legge *"ad hoc"* per le televisioni ! 58
"Ho un disegno di legge bello e pronto:
Voglio una firma e poi, fuor dai coglioni !",

cortesemente chiese, e tu *"Son pronto !"* 61
al Berlusca dicesti di rimando
"Servo fedel ti sono, senza sconto !"

Gran zelo dimostrasti allora, quando 64
Maiani suscitò furori e crucci[8],
complici i comunisti, e tu studiando

gran tempo, insieme a Gabriella Carlucci, 67
quark, equazioni, quanti ed invarianti,
tutto imparasti, ed ognor li sbertucci,

quegli scienziati falsi ed ignoranti, 70
che col predetto non capiron niente,
onde è mestier che tu li porti avanti,

sì che un poco gli illumini la mente 73
la tua dottrina. Grave non ti sia,

---

[7] Cfr. Introduzione al brano 9.2, pag. 142
[8] Cfr. nota 4 al brano 11.1, pag. 173

priego ti porgo, che prossimamente
    tu spieghi a me un po' d'astronomia.   76
        (*14 dicembre 2008*)

11.3 Berlusconi, la velina e il senatore

*Nel dicembre 2007, Berlusconi telefona – da capo dell'opposizione – ad
Agostino Saccà, direttore di* Rai *fiction, per chiedergli di prendere in
televisione una velina cara a un senatore dell'area di governo. Berlu-
sconi – lo spiega lui stesso a Saccà – aspira a portare il senatore dalla
sua parte per fare cadere il governo Prodi, ma il senatore chiede che la
donna entri in televisione, perché questa è la condizione che lei gli ha
posto per concedergli i suoi favori. I due interlocutori commenteranno:*
"Mi sono comportato così per questa ed altre segnalazioni che mi sono
arrivate dall'on. Berlusconi" *(Saccà);* "Nel mondo dello spettacolo e in
Rai, si lavora soltanto se ti prostituisci oppure se sei di sinistra" *(B.)*
`http://www.youtube.com/watch?v=_zWFKDPX614`

    Sospirava un senatore   1
dall'austero laticlavio
per le pene dell'amore,
senza al duol trovare sgravio.
    Concupiva una fanciulla.   5
Pien di speme, l'intenzione
sua le aperse; quella ... nulla:
"Fossi io mai in televisione ..."
    "Forse quel che tutto può   9
può lenire il mio dolore"
pensò il vecchio, e ne parlò
al padrone del vapore.
    Professò la sua amicizia   13
che promise raddoppiata,
se mai fosse sua mestizia
in letizia trasformata.
    Silvio al caso si commosse   17
(tanto puote la beltà !)
e la pena sua commosse
perfin l'algido Saccà.
    Finì tutto sopra un talamo,   21

col piacer del cavaliere,
dove l'altro intinse il calamo
e per tutti fu un piacere.

Se ora alcun dà del *"magnaccia"*   25
all'amato presidente,
a noi cadono le braccia,
a sentir quell'insolente.

Non a tutti è dato intendere   29
che per la democrazia
non si può soltanto prendere !
Quando occorre, si dà via !

Si dà via se una fanciulla   33
si concede al dolce gioco,
onde il cavalier Fanfulla
gratta voti, a poco a poco.
(*dicembre 2008*)

11.4 Un'incursione di Berlusconi a Ballarò

Mentre è in onda Ballarò,   1
Silvio irrompe nello studio:[9]
"Dov'è quel che tanto osò ?"
(che drammatico interludio !)

"Berlusconi corruttore !   5
Questo mai non s'era detto !
Per tal vulnus *al mio onore,*
per quel termine interdetto

sia Di Pietro maledetto !"   9
Sembra Banco con Macbetto,
Monteron con Rigoletto
(trema a ognuno il core in petto).

"Ma se mai l'ho conosciuto,   13
né so Vìllari chi sia !
Sia in giudizio convenuto

---

[9] Il 18 novembre 2008, Berlusconi telefona a Giovanni Floris, mentre è in onda Ballarò per dichiarare: *"Di Pietro ha detto che avrei tentato di corrompere in questi anni lui, Leoluca Orlando e Villari: ebbene, Villari non lo conosco, a Orlando non ho mai proposto un appuntamento. A Di Pietro pensai nel '94 di proporre un ministero, ma non sapevo che da PM aveva messo in galera degli innocenti. Avendolo saputo, ho rinunciato seduta stante a fargli la proposta. Di Pietro se dice queste cose deve andare dai magistrati a denunciarmi. Io lo denuncerò per calunnia".*
`http://www.youtube.com/watch?v=W1jXQsZITOE`

chi diffonde tanta ubbia."

    Così fu con De Gregorio[10]   17
che al Berlusca s'aggregò
(forse, attratto dal ciborio);
Silvio, onesto, lo ignorò.

    Solo or che gli hanno detto   21
cosa ha fatto quel Di Pietro,
ne ebbe crisi di rigetto.
E pensar che gli andò dietro

    proponendo ministeri,   25
potentati in polizia,
tutto quello che è mestieri
per tenerlo in sua balia.

    Or dichiara il fido Bondi: 29
"Lei, Di Pietro, mi fa orrore !"
Forse, Sandro, ti confondi:
Silvio l'ebbe in grande onore.

    Ma se il capo cambia gusto,   33
il buon servo gli si accoda;
non si chiede cos'è giusto:
lui fa solo il reggicoda.

    Così fu per lo stalliere   37
(di Dell'Utri fu il presente),
e l'ignaro cavaliere,
o dormiva o era assente.

    Non comprese che i servigi   41
si godeva di un mafioso.
Volle aver Palazzo Chigi;
non gli piacque esser curioso.

    Poi comprese, e gran stupore   45
si dipinse sul suo volto:
"Ospitai un uom d'onore ?
Non sapevo ! Son sconvolto !"

    Ma preziosi sono i voti   49
che portar può Cosa Nostra,
onde, insieme ai suoi devoti,
chi sia Silvio mise in mostra.

---

[10] Sergio De Gregorio, appena eletto al Senato nel 2006 per l'Italia dei Valori, si fa eleggere Presidente della Commissione Difesa con i voti della Casa delle Libertà. Espulso dall'IdV, vota con *Forza Italia* contro il governo Prodi

Rinnegò di rinnegare   53
del mafioso i benefici:
anche un morto può aiutare
con gli amici degli amici:
    "Un eroe fu lo stalliere: 57
lo vogliam riabilitare.
Ebbe l'arte di tacere.
Or sapete chi votare !"
    (*20 dicembre 2008*)

11.5   Cronache del 2008

Come vuol l'uso e la buona creanza,   1
ecco il Berlusca che espone in tivvù
i suoi programmi per l'anno che avanza
    e il suo bilancio per l'anno che fu.   4
Gli domandò, un cronista indisponente,
dell' "editto Sacconi"[11]. Mandò giù
    un boccon di veleno, il presidente   7
(rompicoglioni ovunque ! è un'ossessione !):
"Io, come lei, non ne sapevo niente;
    ha fatto tutto lui" – *"La sua opinione ?"*   10
tenace, chiese ancora il giornalista.
"Guardi, fu tutta sua la decisione".
    Quanta perfidia ha in cuor quel comunista !   13
A Berlusca, far far questa figura
che, chi l'ha visto, ancor se ne rattrista !
    Che ci volete fare ! La Natura,   16
quel che t'ha dato, ti toglie ! La bàlia
che gli presta amorevole ogni cura
    ne è testimone. Ormai, a *Forza Italia !*   19
lo trattano da vecchio rimbambito.
Bisognava parlar dell'Alitalia,
    a palazzo Grazioli, che il partito   22
ha per sua sede. A queste discussioni
c'erano tutti. Sol, non fu avvertito

---

[11] Il 18 dicembre 2008, il ministro Sacconi vieta a tutte le strutture sanitarie di sospendere l'alimentazione forzata per Eluana Englaro, malgrado che tale sospensione sia già stata riconosciuta legittima dalla Cassazione

– ci credereste ? – Silvio Berlusconi ! 25
Povero Silvio ! Non sapeva niente.
Ha sempre attorno un paio di arruffoni
    che gli fan fare ciò ch'han loro in mente; 28
lui, fiducioso (ed anche un po' svanito)
per potere sembrare un po' efficiente
    fa come quelli l'han prima ammonito, 31
e ti fa delle parti da minchione:
tu gli mostri la Luna, e guarda il dito.
    Organizzaron codesta riunione 34
i colonnelli suoi, ed alla fine
lo disser pure a lui; che degnazione !
    Il pover'uom dev'essere al confine 37
dove saviezza tocca la stoltezza.
Fece ad Emma, galante, le moine
    dalle quali non mai si disavvezza. 40
Strinse mani, diè pacche sulle spalle,
orgoglioso, parlò della monnezza
    che tolse a Napoli; ruppe le balle 43
ai piloti, agli eroi della cordata,
con Emma ci provò: *"Le mie farfalle ..."*
    "Ma la riunione ..." – *"Ma che è 'sta menata ?"* 46
Non si accorse neppure che mancava
un sindacato solo. Che scenata
    fece, quando capì, a chiunque stava 49
vicino a lui ! *"M'avete rovinato !*
Dov'è la cigielle ?" Avea la bava
    alla bocca, per quant'era adirato. 52
Il giusto piange per il peccatore !
E pianse ancor, che un ex-magistrato
    osò dire di lui ch'è un corruttore, 55
ché Vìllari[12] mandò alla vigilanza
con gesto degno di un alligatore.
    "Ma se Vìllari è un di minoranza ! 58
Si lamentano pur che gliel'ho eletto ?
Cosa voglion di più ? Ma che creanza !"
    Tanta fu l'ira che gli ardeva in petto, 61

---

[12] Riccardo Vìllari, senatore dal 2008 per il PD, viene eletto presidente della Commissione di vigilanza sulla Rai con i voti del PdL, battendo Leoluca Orlando che è il candidato del PD. Espulso dal PD, finirà sottosegretario del 4° governo Berlusconi, nel maggio 2011

che si andò a lamentare a Ballarò
per quello che Di Pietro aveva detto.

 "Chi sia codesto Villari, io non so,   64
non lo conosco, non l'ho visto in faccia"
"Ma l'avete votato !" - "Chi, io ? no !

 Che mi sia resa giustizia !" minaccia,   67
"contro l'uom che fa orror, contro Di Pietro
che osò pure darmi del magnaccia".

 A lui tutto indignato, greve e tetro,   70
osò chiedere conto un importuno
di quel ch'era successo poco addietro,

 a palazzo Grazioli; e quel tribuno   73
della plebe rimase un po' interdetto:
"Dei sindacati ne mancava uno ?

 e io che c'entro ? a me, non l'hanno detto 76
che mezz'oretta prima dell'incontro[13].
Ne ho un ricordo lucido e perfetto.

 Me ne volevo andare all'autoscontro,   79
ma i colonnelli miei, rompicoglioni,
mi dissero 'Silvio, almeno vagli incontro,

 fagli veder che ancora tu ragioni !'   82
Che c'è di strano ? è sede del partito,
quell'edificio, non di Berlusconi."

 Ma se le sta legando tutte al dito,   85
per come proprio i suoi l'han sbertucciato.
Lui non aveva mai neppure udito

 che il suo governo avesse decretato   88
di aumentar l'Iva per chi vede Sky[14]:
da rimbambito ancora l'han trattato.

 Silvio, vorrei sapere, come mai   91
meni gran vanto d'esser uom di stato,
tu, che dai tuoi ti fai metter nei guai ?

 Non ti nascondo, sono preoccupato.   94

---

[13] Il 18 novembre 2008, Berlusconi telefona a Floris mentre è in corso la trasmissione *Ballarò*. Epifani (leader di Cgil), che è presente in studio, gli chiede conto dell'esclusione della Cgil dall'incontro che Berlusconi ha avuto il 12 novembre a Palazzo Grazioli con Bonanni e Angeletti (leader di Cisl e Uil) e con il presidente di Confindustria, Marcegaglia, escludendo la Cgil. Berlusconi risponde: *"Non c'è stata nessuna cena. L'incontro è avvenuto non a casa mia ma a Palazzo Grazioli, che è sede di Forza Italia, è stato un incontro rapido al quale io sono stato invitato e del quale non sapevo nulla fino a venti minuti prima."* http://www.youtube.com/watch?v=WljXQsZITOE

[14] Il 28 novembre 2008, il governo decide di aumentare l'Iva sulla pay-tv, che passa dal 10 al 20%, sopprimendo il regime di Iva agevolata

Tu vorresti far tanto per la gente,
e invece quelli t'hanno esautorato.
    Un uom di stato dev'esser presente,   97
non è giusto che lasci fare agli altri,
che poi fai la figura del demente.
    Andiamo, Silvio, siamo un poco scaltri: 100
Non credo affatto che tu sia demente,
ché tu sai ben che fanno i tuoi pollastri.
    Tu sei il solito vecchio fraudolente.   103
    (*dicembre 2008*)

Finito di comporre il 17 giugno 2015

Finito di stampare nel mese di Giugno 2015
per conto di Youcanprint *self - publishing*